# Hermann Weinhauer

# LANDSER IM WELTKRIEG

Bollwerk – Deutsche Kampfgruppen gegen die Rote Armee

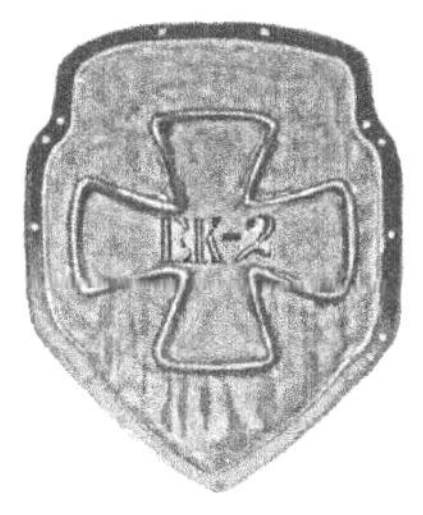

## EK-2 Militär

Genau diese Schicksalsgemeinschaften nimmt »Landser im Weltkrieg« in den Blick.

Bei den Romanen aus dieser Reihe handelt es sich um gut recherchierte Werke der Unterhaltungsliteratur, mit denen wir uns der Lebenswirklichkeit des Landsers an der Front annähern. Auf diese Weise gelingt es uns hoffentlich, die Weltkriegsgeneration besser zu verstehen und aus ihren Fehlern, aber auch aus ihrer Erfahrung zu lernen.

Nun wünschen wir Ihnen viel Lesevergnügen mit dem vorliegenden Werk.

# Ihre Zufriedenheit ist unser Ziel!

Liebe Leser, liebe Leserinnen,

zunächst möchten wir uns herzlich bei Ihnen dafür bedanken, dass Sie dieses Buch erworben haben. Wir sind ein kleines Familienunternehmen aus Duisburg und freuen uns riesig über jeden einzelnen Verkauf!

Unser wichtigstes Anliegen ist es, Ihnen ein angenehmes Leseerlebnis zu bieten.

Damit uns dies gelingt, sind wir sehr an Ihrer Meinung interessiert. Haben Sie Anregungen für uns? Verbesserungsvorschläge? Kritik?

Schreiben Sie uns gerne: info@ek2-publishing.com

Nun wünschen wir Ihnen ein angenehmes Leseerlebnis!

*Heiko und Jill von EK-2 Militär*

# BOLLWERK

Noch liegt der dichte Morgennebel über dem Vorfeld und versperrt die Sicht auf das Gelände und die, nun dort liegenden gefallenen Rotarmisten.

„Übernimm mal das MG Friedrich, ich schaue mal ob da vor noch einer am Leben ist und bleib ruhig es war wahrscheinlich nur ein Stoßtrupp. Der sollten bestimmt nur erkunden, wo und wie stark unsere Stellungen sind und stieß unglücklicherweise genau auf uns". Friedrich Kleinkamp, gerade einmal 16 Jahre sah mich mit einer Mischung aus Erstaunen und Freude an. „Aber Herr Feldwebel, der Herr Leutnant hat doch ausdrücklich befohlen, dass nur die erfahrenen Soldaten als Schützen 1 fungieren sollen!" sagte er. Nun, da hatte der Junge mit dem erwartungsvollen Blick zwar recht, doch ich hatte nicht die Absicht ihn der als mein Schütze 2 tätig war, nach vorn zu schicken, um wieder für ein einigermaßen freies Schussfeld zu sorgen und eben auch zu schauen, ob noch jemand am Leben ist. Und darüber hinaus, wer wusste denn schließlich besser was, weggeräumt werden musste, um wieder uneingeschränkt schießen zu können? Ich als Feldwebel, der in diesen Apriltagen des Jahres 1945 auf immerhin 3 Jahre Ostfronterfahrung zurückblicken konnte, oder ein blutjunger Leutnant ohne irgendwelche Fronterfahrung, den man direkt aus der Offiziersschule an die Front geschickt hatte? Darüber hinaus, einen Leutnant ohne jede Erfahrung als Kompanieführer einzusetzen. So etwas war früher nicht denkbar gewesen, aber es schien wirklich einen starken Mangel an Offizieren zu geben, in diesen Tagen. Was sonst in Friedenszeiten vielleicht ein Hauptmann oder auch ein lang gedienter Oberleutnant erledigte, sollte nun ein 20-jähriger Leutnant ohne nennenswerte Kampferfahrung schaffen. Und was diesen jungen Männern an Erfahrung fehlte, sollten sie, wie auch alle anderen Soldaten die wir als Ersatz bekamen, mit Glauben und Eifer ausgleichen. „Unser Glaube zum Führer Adolf Hitler verbürgt den Endsieg!" war immer wieder an Wänden oder als Plakate zu sehen. „Mach es einfach und wenn sich da vorn irgendetwas verdächtig bewegen sollte, halte einfach drauf!" sagte ich zu Friedrich, ohne meine mich schon lang quälenden Gedankengänge durch meine Stimmlage zu verraten.

Also kroch ich auf dem Bauch ungefähr 50 Meter nach vorn um die ersten Hindernisse die mir Sicht und Schussfeld versperrten, wegzuräumen, da es erst 1 Uhr morgens war, gab mir die Dunkelheit wenigstens ein wenig Deckung und ich kam scheinbar ungesehen an. Jedenfalls kam vom Russen keine Reaktion die etwas anderes bewies. Mit Schauer wurde mir jetzt wieder klar, dass das was ich hier beiseiteschob und durchsuchte nicht irgendwelche Gegenstände waren, sondern Gefallene Sowjetsoldaten die es bis kurz vor unsere MG-Nest geschafft hatten und hier niedergestreckt wurden als ihr Angriff stecken blieb und der geringe Rest der überlebte, wieder zurück musste.

Ich hatte in den letzten 3 Jahren schon zu viel Tot und Elend gesehen um von dieser Arbeit noch besonders schockiert zu sein, auch wenn ich gelegentlich gegen einen Brechreiz ankämpfen musste, doch wie sollte es da erst Friedrich mit seinen jungen Jahren zu Mute sein, der den Krieg nur aus der Wochenschau kannte, denn er hatte das Glück aus einem kleinen Dorf zwischen der Oder und Berlin zu kommen. Er sagte selbst, er hatte zwar die Bomberströme gesehen, wenn sie wieder einmal Berlin bombardierten und manchmal ging auch schon mal eine Bombe in eines der umliegenden Felder herunter, wenn sich ein angeschossener Bomber dieser Last entledigte, oder er sah die Elendsströme von Ostflüchtlingen, die erst einzeln, doch später immer häufiger durch sein Dorf weiter nach Westen zog, doch den Feind selbst direkt zu Gesicht bekam er noch nie.

Nach etwa einer halben Stunde hatte ich die Gefallenen soweit weggeräumt, das sie nicht mehr im Weg waren, hatte sie noch schnell auf eventuelle persönliche Gegenstände untersucht und schlich mich dann wieder in die MG-Stellung zurück.

Ich wunderte mich, dass die Russen uns nach dem gescheiterten Stoßtruppunternehmen so einfach in Ruhe ließen und uns nicht mit ihrer Arie belegten, denn Munitionsmangel war bei den Roten ja nun mal ein Fremdwort.

Jedenfalls war ich froh als ich ohne Zwischenfälle in unsere Stellung ankam. Friedrich kniete hinter dem MG und beobachtete das Vorfeld. Als ich neben ihm hockte Schaute er mich an, rückte seinen viel zu großen Helm zurecht und wollte mir Ordnungsgemäß Meldung machen. Ich winkte ab und fragte ihm ob denn eigentlich alles in Ordnung sei und wie es ihm gehe.

Nach dem Angriff der Russen war es jetzt die erste Gelegenheit mit ihm über das gerade erlebte zu sprechen und er hatte sehr viel lauf dem Herzen, denn schließlich war es das erste Mal das er wirkliche Sprichwörtlich das weiße im Auge des Gegners sah.

Ich beantwortete ihm seine Fragen und hörte mir seine Ausführungen an.

Dabei konnte ich nicht verhindern das ich mit meinen Gedanken abschweifte und darüber nachdachte wie es kam das ich jetzt dort war wo ich war, in einem mehr schlecht als recht ausgebauten MG-Nest mit einem bunt zusammen gewürfelten Haufen von Männern die man eigentlich nicht als Soldaten bezeichnen konnte. Einige von ihnen so alt, dass sie meine Väter hätten sein können, unter ihnen auch Veteranen des ersten großen Krieges. Aber auch Knaben die gut und gerne meine kleinen Brüder hätten sein können wie mein Schütze 2 Friedrich Kleinkamp. Geführt von einem Leutnant der noch nie Pulverdampf von krepierenden Granaten gerochen hatte und noch nie das pfeifen einer Kugel gehört hatte, die an seinem Kopf vorbeiflog.

*

„Mensch was war den bei euch los?" fragte mich Leutnant Schütz als er in unser MG-Nest gerutscht war und mich dadurch aus meinen Gedanken riss. „Ach nur ein Spähtrupp denke ich. Die wollten wahrscheinlich auskundschaften wo unsere Stellungen verlaufen um die Ergebnisse dann an ihre Arie zu geben." meinte ich zu dem unerfahrenen Leutnant. „Haben sie gesehen ob und wenn ja wie viel sich wieder absetzen konnte und sind vielleicht Russen um ihre Stellung herum gekommen?" fragte Schütz weiter. „Nein Herr Leutnant konnte ich leider beides nicht beobachten, aber ich glaube nicht, dass welche unsere Stellung umgangen haben, dafür kam unser Feuerschlag zu überraschend." gab ich zurück. Der junge Leutnant zog die linke Augenbraue hoch und meinte nur" Na ja mit glauben ist mir nicht viel geholfen, was meinen sie denn was mir der Hauptmann antwortet wen ich ihm das so vortrage? Ich werde ihm vorschlage das wir am besten einen Spähtrupp ins Gelände schicken um nach versprengten oder weiteren Truppen zu suchen, was meinen sie dazu?" Ich antwortete nur „Jawohl Herr Leutnant:" Was sollte man dazu auch sagen? Einerseits hatte er ja recht aber andererseits, mit welchen Leuten wollte er denn den Spähtrupp starten? Mit den Alten die bei jeder Bewegung irgendwelche anderen Schmerzen hatten und deren Moral mehr als zu wünschen übrig ließ oder mit den jungen Pimpfen deren Moral und Disziplin weit bessere war als bei den alten, es aber ein einziges Verbrechen war diese Jungens auch noch ins Feuer für eine Verlorene Sache zu schicken und über keine Kampferfahrung verfügten. Blieben also nur noch wir paar alten Landser, natürlich würde keiner von uns alten Frontschweinen nein sagen, doch wer sollte denn diesen Haufen noch zusammen halten wen es uns dann auch erwischt hätte? Aber auch diese Gedanken von mir sprach ich natürlich nicht aus. Schütz sah wahrscheinlich an meinem Gesichtsausdruck das ich mir meine eigenen Gedanken machte, sagte aber nur „Na ja ich werde dem Herrn Hauptmann erst einmal das hier geschehene melden, wir werden dann ja sehen was er dazu sagt, dann haltet hier erstmal weiter die Augen offen." er verabschiedete sich mit diesen Worten und ich gab ihm noch schnell die wenigen Sachen die ich bei den Gefallenen gefunden hatte. Ich schaute ihm nach und hoffte nur, dass dieser junge Offizier nicht wirklich auf die Idee kam sich noch irgendwelche Orden und Auszeichnungen verdienen zu wollen. Zu Friedrich gewandt sagte ich „Los Friedrich wir gehen in unser Ausweich-MG- Nest. Vielleicht haben die Russen doch unsere jetzige Stellung ausgemacht und dann bekommen wird doch noch ein paar schwere Koffer auf den Kopf wenn sie angreifen. Auf dem Weg dorthin schaute Friedrich mich an und fragte mit zitternder Stimme „Herr Feldwebel meinen sie wirklich das die Russen uns tatsächlich angreifen werden? Der Führer hat doch gesagt, dass die Wunderwaffen bald einsatzbereit sind und auch das neue Offensivtruppen bereitstehen!" Um den jungen nicht unnötig noch mehr zu beunruhigen als er jetzt schon war meinte ich nur, dass wir uns trotzdem auf alle Eventualitäten vorbereiten müssten. Friedrich schaute mich fest in die Augen und sagte „Herr Feldwebel wir werden die Russen doch nicht über die Oder lassen, oder? Sie werden doch niemals herüberkönnen, meine Eltern wohnen doch nur wenige Kilometer weit weg!" „Nun ja wir werden auf jedem Fall alles versuchen das zu verhindern" sagte ich und dachte mir dabei, mein Gott Junge die Russen sind schon über so viele Flüsse gekommen, über den Don, den Dnjepr, den Donezk die Donau und die Weichsel und auch über die Oder sind sie schon an anderen Stellen und hier kommen sie auch früher oder später rüber wen nicht doch noch etwas an den Wunderwaffen dran ist. Doch jetzt war es wichtiger den jungen zu beruhigen und sagte ihm „Mach dir keine Sorgen, der Führer wird sich schon etwas einfallen lassen, er ist ja schließlich auch in Berlin und nun leg dich ein wenig hin und schlaf, ich übernehme die nächste Wache." Es dauerte nicht lange und er schlief ein doch kurz vorher sagte er leise „Ich werde sie jedenfalls nicht herüberlassen!"

*

Was ich damals nicht wusste war das eine noch nie da gewesene Streitmacht auf der anderen Seite der Oder zum Angriff bereit stand mit einer unglaublichen Zusammenballung von 16000- 20000 Artilleriegeschütze, 2,5 Mio. Soldaten aufgeteilt in 3 Sowjetischen Fronten und einer Luftstreitmacht die auf deutscher Seite kaum noch Gegner hatte.

Auch ahnte ich oder irgendein anderer Soldat an der Front nicht, dass Hitler keine Wunderwaffen oder neue Offensivdivisionen hatte denn obwohl wohl kaum ein Soldat daran glaubte, so hoffte man jedoch das irgendetwas daran doch dran sein könnte oder musste.

Und so stemmten wir uns gegen einen übermächtigen Feind um Deutschland und unsere Lieben zu schützen.

Ein Kamerad von mir erzählte mir einmal, dass sie es bei einem Gegenangriff in Schlesien schafften mehrere Ortschaften zurück zu erobern. Das Schicksal wollte es das ihr Kompanieführer seine eigene Heimatstadt mit freikämpfte, als sie in der Nähe seines Elternhauses waren, war er kaum noch in Zaum zu halten, der Kamerad meinte er kämpfte Buchstäblich wie die Berserker in den alten Wikingersagen, nun es gelang ihnen die Stadt zu befreien und der Kompanieführer stürmte in das Haus, doch was er dort sah war wohl zu viel für diesen Stahlharten, hoch ausgezeichneten und alt bewerten Frontoffizier. Er sah seine abgeschlachteten Eltern und hielt seine tote und offensichtlich geschändete und danach zu Tode gequälte Schwester in den Armen. So schnell das niemand es verhindern konnte zog er seine 08 und erschoss sich. Der Kamerad der mir diese Geschehnisse schilderte meinte das es nicht nur in diesem Haus so war, sondern im ganzen Ort, aber auch in vielen Orten in denen die Bewohner nicht schnell genug wegkamen, weil sie zu spät von den örtlichen Parteileitungen benachrichtigt oder sogar an einer rechtzeitigen Flucht gehindert wurden.

Es war also keineswegs nur Propaganda gegen den Feind, es war traurige Tatsache.

Wir kämpften also dafür, dass die Menschen die schon auf der Flucht waren und oft nur noch ihr Leben hatten, dies nicht auch noch verloren indem sie einem Grausamen Feind in die Hände fielen.

*

Als Friedrich gegen Mittag wieder wach wurde übernahm er dann die Wache und ich ging zum Kompaniegefechtsstand um vielleicht etwas neues zu erfahren und um zu schauen ob es vielleicht ein paar Panzerfäuste und Handgranaten gab, denn ein MG ist im Gefecht gegen Infanterie ja eine tolle Sache, doch gegen Panzer vollkommen nutzlos und Panzer hatten die Sowjets leider mehr als genug, da sie von den westlichen Alliierten reichlich damit versorgt wurden und auch ihre eigene Industrie auf vollen Touren lief.

Als ich so durch die Stellungen ging fiel mir sofort auf das unsere ehemaligen Hitlerjungen nun wenigstens halbwegs anständige Uniformen hatten denn als wir sie vor wenigen Tagen zugeteilt bekamen hatten sie alle nur ihre HJ-Uniformen an, und ich meinte zu unserem Leutnant das er doch bitte zusehen solle, das er für die Jungs anständige Wehrmachtsuniformen bekomme, notfalls auch ohne Rangabzeichen auch solle jeder schauen ob er ein paar Uniformteile entbehren könne ich gab meine mehr oder weniger überflüssigen Uniformstücke Friedrich, denn wenn die Russen sie in ihren Hitlerjugend- Uniformen in die Hände bekommen würden, würde er sie sofort erschießen und in richtiger Uniform hätten sie wenigstens eine gewisse Chance in der Gefangenschaft zu überleben.

Nun dies hatte also Augenscheinlich geklappt, „wenigsten was", dachte ich mir dabei. Doch sah ich auch, dass die Bewaffnung der Jungen und des

Volkssturms noch immer unbeschreiblich schlecht war. Meistens hatten sie Tschechische, Holländische oder auch Französische Gewehre und die Munitionslage für diese restlos Veralteten Waffen war noch schlimmer, denn teilweise hatten die Besitzer nur fünf Schuss dafür.

Als ich am Gefechtsstand ankam teilte mir Leutnant Schütz mit, dass der Herr Hauptmann, dessen Namen mir so gar nichts sagte und daher auch schnell wieder vergaß befohlen hatte das sich alle Einheiten spätestens halb 3 Uhr Nachts am 16. April auf die an den Seelower Höhen gelegene erste Verteidigungslinie absetzen sollen. An höherer Stelle wurde mit dem erwarteten Russischen Angriff spätestens gegen 4 Uhr am besagten 16. April gerechnet.

Das war für mich natürlich erst einmal ein mächtiger Schock, denn das wäre ja schon kommende Nacht. Es sollte auch jetzt noch nichts gesagt werden um keine Panik- Stimmung aufkommen zu lassen und der Feind sollte auch nicht durch eventuelle Gefangene gewarnt werden, dass wir seinen Angriffszeitpunkt kannten. Mir als Führer einer, direkt der Kompanie unterstellten MG- Mannschaft und den kurz nach meiner Ankunft herbeigerufenen Zug- sowie Gruppenführen wurde außerdem noch mitgeteilt, das mit starken Aktivitäten von Verrätern der Seydlitz-Truppe gerechnet wurde. Wie man diese Verräter erkennen sollte wurde uns leider nicht gesagt, was aber sehr gut zu wissen gewesen wäre den in unserem zusammen gewürfelten Haufen kannte ja leider niemand denn anderen.

Nach der Besprechung als soweit alle Fragen und Vorgehensweisen geklärt waren, fragte ich den Herren Leutnant nach einer Zuteilung von vielleicht vorhandenen Panzerfäusten und Handgranaten. Zu meiner Überraschung war beides in zufriedenstellendem Maße vorhanden. Ich bekam erst einmal 4 Panzerfäuste und eine Handgranatenkiste die noch fast halb voll war und ich dachte mir nebenbei „Nun ja wenigsten hat sich der befürchtete Spähtrupp damit erledigt." Da ich diese mir zugeteilten Waffen aber nicht allein tragen konnte wurde mir ein Kamerad vom kleinen aber doch verhältnismäßig schlagkräftigen Kompanietrupp, der ausnahmslos aus alt gedienten Frontsoldaten bestand mitgeschickt. Als wir so durch unsere jetzigen Stellungen gingen und ich die Männer sah die draußen auf Wache standen überkam mich mal wieder das Gefühl und die Gewissheit das diese Soldaten, wenn man sie so nennen durfte, nicht mehr viel mit der glorreichen und mächtigen Deutschen Armee die Polen, Dänemark, Norwegen, Belgien, Holland, Luxemburg und Frankreich überrannt, Nordafrika fast erobert und tief in die weiten der Sowjetunion vorgestoßen war gemeinsam hatte. Was ich hier sah war nur eine Ansammlung von abgekämpften Deutschen Landser die unterstützt wurden von einer Meute alter Männer die keine große Kampfmoral hatten und im Gefecht wahrscheinlich mehr Hindernis als Verstärkung währen und natürlich der Jungen die oftmals direkt von den Schulbänken an die Front geschickt wurden, doch im Gegensatz zu den Alten eine enorm hohe Kampfbereitschaft und ein sehr hohes Wissen im militärischen Sinne hatten. Dennoch war die Mannschaftsstärke und deren Kampfwert nicht hoch genug, von der Ausstattung mit Waffen und Gerät ganz zu schweigen.

War der Krieg mit dieser Armee noch zu gewinnen? Hoffte der Führer auf eine Rettung in letzter Minute, wie es einst bei seinem großen Vorbild, Friedrich dem Großen der Fall war? All dies ging mir durch den Kopf als ich mit dem Kameraden vom Kompanietrupp in meine Stellung ging und ich denke er hat sich auch so seine Gedanken über unsere Situation gemacht den er schaute oftmals nach rechts und links zu unseren neuen Kampfgefährten die kurze Zeit vorher noch ein mehr oder weniger ruhiges Zivilleben hatten trotz der ständigen Bombenangriffe, und schüttelte danach den Kopf und schaute dann einfach auf den Boden, sprach aber sonst kein Wort. Als wir in unsere Stellung ankamen schaute er mich an und fragte mich „Mensch was sagst du zu unserer Situation, wenn die Russen erst einmal wieder marschieren dann halten wir die vor Berlin nicht mehr auf, es sei denn Berlin schüttelt endlich mal was von ihren tollen Wunderwaffen aus dem Ärmel!"

Friedrich hörte diese Äußerung natürlich auch und griff nach dieser für ihn mehr als entmutigenden Frage nach dem für ihn wahrscheinlich letzten Strohhalm und antwortete an meiner Stelle „Der Führer wird sich schon was einfallen lassen. Er hat sich bis jetzt immer was einfallen lassen. Ich habe gehört er führt schon gesonderte Friedensverhandlungen mir den Westalliierten und wenn dann die Amis und die Engländer erst hier sind und an unsere Seite kämpfen dann können die Russen aber die Beine in die Hand nehmen und gleich bis Moskau durch…" „Man kleiner jetzt hör aber auf. Die Amis sind jeden Tag hier und schmeißen ihre verdammten Bomben auf unsere Städte und die Tommies machen dasselbe jede Nacht und gemeinsam machen sie mit ihren verdammten Jabos sogar auf einzelne Soldaten jagt, das habe ich an der Westfront oft genug erlebt und was haben wir denen schon noch anzubieten für einen einseitigen Frieden?" unterbrach der Kamerad vom Kompanietrupp, der übrigens den Rang eines Unteroffiziers innehatte, Friedrichs Ausführung. In Friedrichs Gesicht sah ich die tiefe Enttäuschung ob der ungeschminkten Wahrheit die ihm gerade zuteilgeworden war. Um ihn wenigstens wieder ein wenig zu ermutigen sagte ich zu beiden „Na ja ganz am Ende sind wir ja auch noch nicht, denkt nur an unsere Offensiven in den Ardennen oder am Plattensee damit hatten ja wohl weder die Amis noch der Iwan gerechnet." Und ich war froh das der Kamerad nicht etwas begegnete wie, „na ja gebracht hat es uns ja nichts", oder „ja das hatte dann auch unsere letzten Reserven an Soldaten und Material vernichtet". Er antwortete nur „Und wenn schon." verabschiedete sich kurz und machte sich wieder auf den Weg zur Kompanie. Zu Friedrich gewandt fragte ich ob alles klar sei? Friedrich sah zu mir auf und fragte mich ob ich glaubte, dass der Krieg zu einem guten Schluss für uns kommen würde. Ich sagte ihm das es eine Lösung für uns geben müsse, denn unsere ganzen Opfer könnten doch unmöglich alle umsonst gewesen sein, bei diesem Satz sah ich meine gefallenen Kameraden alle noch einmal vor meinem geistigen Auge und musste mich wegdrehen damit Friedrich nicht das glänzen in meinen Augen bemerkte und sagte dann zu ihm das er in den Mannschaftsbunker gehen und sich bis 16 Uhr ausruhen solle denn die nächste Nacht werde bestimmt anstrengend und wir müssten noch ein paar Geballte Ladungen anfertigen denn man könne die Russenpanzern ja nicht ohne irgendwas aufhalten und versuchte dabei so viel Optimismus in meine Stimme zu legen wie es ging.

Als Friedrich gegen 16 Uhr wieder zurück kam hatte er sogar ein volles Essgeschirr und eine zusätzliche Eiserne Ration für mich dabei, denn meine hatte ich im Laufe des Tages schon gegessen denn die Versorgungslage war sehr bescheiden und wir hatten schon eine Weile lang keine Verpflegung mehr bekommen. Als ich mein neues Essgeschirr gelehrt hatte, machten wir uns an die Anfertigung der Geballten Ladungen. Im Laufe dieser Arbeit fragte ich Friedrich ob er mit einer Panzerfaust umgehen könne? Er antwortete voller Freude „Na klar das hatte man uns bei einer Lehrveranstaltung in der Hitlerjugend beigebracht, da war sogar ein Offizier der Division „Großdeutschland" als Lehrer dabei, bei so einem hatten wir uns alle richtig ins Zeug gelegt um uns nicht zu blamieren. Das war vielleicht ein tolles Ding." Ich war über seine hier offen zur Schau gestellte Naivität geschockt. Er sprach über das erlernen vom Umgang mit Kriegswaffen wie ich und meine

Freunde über Fußball oder ähnliches als wir in seinem Alter waren doch für ihm schien es nichts Natürlicheres auf der Welt zu geben. Gegen 17 Uhr als wir einige Geballte Ladungen hergestellt hatten und ich Friedrich eine kurze Einweisung gegeben hatte, teilte ich ihm den Befehl von Leutnant Schütz mit. Als ich sein Unverständnis in seinem Gesicht sah fühlte ich mich verpflichtet ihm zu erklären, dass es besser wäre ein unbedeutendes Geländestück preiszugeben anstatt es zu halten und von der russischen Arie zusammen getrommelt zu werden, denn wenn man tot in den Verschütteten Gräben liegen würde, könne man die Russen auch nicht aufhalten. Auf Friedrichs Einwand, das der Iwan doch dann die Oder überschritten hätte erklärte ich ihm das er nicht genügend Platz hätte um dort einen sicheren Brückenkopf zu bilden ob diese Behauptung nun richtig war oder nicht, sie beruhigte ihn erst einmal. Nach diesem Gespräch meinte ich dabei ein lächeln versuchend „ Also ich gehe mal in den Mannschaftsunterstand und horche mal ob es was Neues gibt, oft weis ja ein alter Oberschnapser mehr als ein Kommandierender General. Anschließend schau ich noch einmal bei unserem Leutnant vorbei um zu erfahren wann und in welcher Reihenfolge wir uns nun genau absetzen sollen."

Also ging ich in den Unterstand der eigentlich für 20 Mann Platz bot, aber momentan viel mehr Männer drin waren. Die Luft war durch Zigarettenqualm, Schweiß und anderen Mief zum schneiden dick und es roch nach Männern, die schon lange nicht mehr dazu gekommen waren sich anständi8g zu waschen. Im inneren war alles vertreten was das Großdeutsche Reich zu bieten hatte und in meinem Haufen zusammen gewürfelt wurde. Wir hatten in unserer Einheit Soldaten der Luftwaffe, ehemalige Seeleute der Kriegsmarine, die aus Mangel  an Flugzeugen beziehungsweise Schiffen zum Heer abkommandiert wurden, einige Hitlerjungen wie Friedrich und angehörige des RAD, natürlich durfte auch der Volkssturm nicht fehlen. Er stellte die V 3 dar wie es unter uns alten Landsern manchmal mit etwas Sarkasmus hieß. Ich fühlte mich in diesem Haufen immer noch nicht wohl und fand irgendwie keinen richtigen Anschluß an die Kameraden, daher war ich eigentlich ganz froh das ich mit meiner MG –Mannschaft, die wegen Personalmangel über keinen Schützen 3 sondern nur aus mir und Friedrich bestand  direkt  Leutnant Schütz unterstellt war. Dennoch versuchte ich mich trotzdem mit den anderen bekannt zu machen und sie kennen zu lernen, denn von ihnen könnte im Ernstfall ja mein Leben abhängen und es war vom Vorteil die Macken und Marotten der anderen zu kennen um im Ernstfall zu wissen wie sie wahrscheinlich reagieren würden. Ich betrat also leise den Bunker und hörte gerade noch einen Kameraden in Marineuniform sagen „ Wenn ich es euch doch sage, ich habe aus zuverlässiger Quelle gehört das der Adolf mit den Tommies und Amis gemeinsame Sache gegen die Russen machen will. Das ist alles schon geklärt, die warten nur noch auf den richtigen Augenblick und dann geht es gemeinsam mit uns Marschrichtung Moskau! Gut die Franzmänner wollen angeblich nicht mitmachen aber wer braucht die dann noch?" Ein etwas älterer Unteroffizier der nach seinen Kragenspiegeln zu urteilen von einer Instandsetzungseinheit war meinte „Mensch das wäre ja ein tolles Ding. Überlegt mal wir mit der nötigen Technik und der Erfahrung im Ostkampf und die Amis mit ihrer Industrie. Da jagen wir den Iwan doch bis nach Sibirien!" Darauf folgte zustimmendes Gemurmel. Dann ergriff der erste Redner wieder das Wort und erläuterte weiter „Wir müssen nur noch kurze Zeit die Front halten bis im Westen dann alles klar ist und die Amis und Tommies alles Umorganisiert haben und dann geht's los, dann lernt endlich der Russe wieder das laufen." leises Gelächter klang auf, ich drehte mich um und ging wieder raus. Auf dem Weg zum Kompaniegefechtsstand dachte ich mir dann das es gut sei wenn die Leute an solche Parolen glaubten, das wäre nicht schlecht für die Moral und ich gestand mir selbst auch ein das ein wenig Hoffnung auch in mir aufkeimte, auch dann noch als ich mir die Meinung des Unteroffizier vom Kompanietrupp über dieses Thema wieder ins Gedächtnis rief. Doch was mit der Moral der Truppe passieren würde wenn diese letzte Hoffnung auf Rettung auch zerbrechen würde, darüber wollte und konnte ich damals nicht nachdenken.

Als ich im Gefechtsstand an kam war dort bereits reges Treiben im Gange. Alles war bereits in Aufbruchsstimmung und ich stellte mir vor was passieren würde wenn nun unverhofft ein russischer Angriff losbrechen würde. Die Tätigkeiten hier waren eigentlich nicht zu übersehen. Das Chaos wäre dann wohl perfekt, der Kompanieführer scheinbar im Papierkrieg untergegangen, die Nachrichtenleute hatten ihre Geräte bereits abgebaut, also gab es keine Funkverbindung mehr zu den einzelnen Zügen oder zum Bataillon und die Melder waren mit dem zusammenpacken oder Verbrennen von mehr oder weniger wichtigen Papieren beschäftigt. Dann sah ich den Leutnant ebenfalls irgendwelche Papiere zusammen packen. Ich ging zu ihm herüber, grüßte kurz und fragte ihm ob es nun schon einen Plan zum lösen aus den bisherigen Stellungen und zum einsickern in die neue HKL gebe? Der junge Offizier antwortete, ohne seine wohl sehr wichtige Arbeit zu unterbrechen „ um halb zwei lautloses Lösen aus den bisherigen Stellungen in der Reihenfolge, Kompanietrupp, Stab, und dann die einzelnen Züge, erster, zweiter und so weiter immer mit 4 Minuten abstand, wobei der dritte Zug als Nachhut in Stellung bleibt und volle Stärke in den alten Stellungen vortäuscht. Aber das braucht sie ja nicht weiter zu interessieren. Sie Feldwebel sind also viertel nach zwei hier im Gefechtsstand und gehen mit dem Stab in die neue HKL. Ich habe zusammen mit den Zugführern die Stellungen bereits erkundet und werde sie dann persönlich einweisen." Damit war das Gespräch vorerst erledigt. Ich Grüßte noch lockerer als vorher und dachte mir so, „was soll ich denn beim Stab und meine neue Stellung hätte ich schon gerne selbst erkundet, wer weiß was für ein Schußfeld ich dort vorfinde". Als ich schon fast draußen war rief mir

Schütz nach „ Wer hat denn eigentlich ihr MG in der Zeit übernommen in der sie hier spazieren gehen? Doch nicht etwa einer dieser jungen Pimpfe? Mein Befehl in dieser Sache war ja wohl eindeutig! Machen sie bloß, daß sie in ihre Stellung kommen! Ich hätte ihnen schon noch einen Melder vorbei geschickt um ihnen bescheid zu geben." „So ein arroganter Kerl, der ist doch selbst nicht viel älter, aber der wird sich umschauen wenn der Russe erstmal loslegt und wenn die Luft erst einmal richtig brennt wird der auch noch ruhiger." dachte ich mir. Als ich dann wieder in meine Stellung kam wollte Friedrich wieder eine Lehrbuchmäßige Meldung machen, ich winkte nur ab, fragte stattdessen ob es etwas Besonderes gegeben hatte und wer denn der Besuch in unserer Stellung sei? Friedrich und der Fremde, die in etwa dem gleichen Alter sein mochten, schauten mich etwas verlegen an. Als ich mit einem auffordernden und schrofferen als gewollten „ Na wird's bald!" auf eine Antwort drängte gab der Freund bereitwillig Auskunft. Er hieß Otto Kania, war wie ich bereits vermutete, ebenfalls 16 Jahre alt und kam aus Schlesien. Bei den ersten Kämpfen im Oberschlesischen Industriegebiet wurde er verwundet und kam zu seinem Glück nicht in ein Breslauer Lazarett, sondern wurde gleich nach Berlin gebracht. Dort lernten sich die zwei bei einer HJ- Veranstaltung kenne und freundeten sich an. Und da er gerade keine Wache hatte wollte er bei seinem Freund vorbei schauen.

Ich antwortete in einem schon fast Väterlichen Ton daß das ja alles schön und gut sei, sie hier aber nicht auf einem Spielplatz seien wo man mal einfach rumspazieren könne sondern an der Front wo scharf Geschossen wird. Ich übernahm von Friedrich wieder das MG und fragte Otto wo denn seine Stellung sei? Er antwortete sie sei beim 3. Zug. Ich meinte zu Friedrich „ Paß auf du bringst Otto langsam wieder zu seinem Haufen, auf dem Weg kommst du ja bei der Kompanie vorbei. Den restlichen Weg schafft Otto bestimmt alleine. Du gehst dann zu Leutnant Schütz oder seinem Adjutanten je nachdem wem du zuerst siehst, laß dich von keinem anderen aufhalten, denn schließlich sind wir ja direkt der Kompanie unterstellt und erstmal dem Schütz verantwortlich. Dann fragst du ihn oder dem Adjutanten, je nachdem wem du halt erwischst, ob noch ein oder zwei Muni- Kästen für uns da währen." „ Aber Herr Feldwebel, Munition haben wir doch noch genug und diese zusätzlichen Kästen müssen wir ja dann auch nur in die neue Stellung schleppen! Kann ich die nicht dann holen?" meinte Friedrich sehr richtig. Ich antwortete „ Ja aber so hast du einen Auftrag von mir und unterwegs stellt euch dann keiner irgendwelche weiteren dummen Fragen wenn du Otto zurück bringst!" Die beiden jungen Freunde strahlten über das ganze Gesicht denn nun verstanden sie was ich damit bezweckte und gingen dann ihren Auftrag erledigen. Otto meinte nur leise zu Friedrich „Mensch hast ja recht dein Feldwebel ist echt ein richtig anständiger Kerl!"

*

„Herr Feldwebel es ist gleich soweit!" gab mir Friedrich leise zu verstehen. Mit einem Blick auf meine Uhr sah ich, dass es tatsächlich schon zehn Minuten nach ein Uhr war.

Wir hatten unsere Sachen in den vorherigen Stunden bereits zusammen gepackt und hatten deshalb nun keine Große Arbeit mehr unser Gepäck zu nehmen und uns los zu machen.

Ich nahm neben meinen wenigen persönlichen Sache, natürlich das MG , das schwere Dreibein und einen Muni- Kasten, steckte mir das Koppel voller Handgranaten, hing mir zwei Ersatzläufe für das MG um den Hals und schaute dann wie weit Friedrich war.

Er hängte sich zwei, mit einem alten etwa 3 cm starken Lederriemen zusammengebundene Muni- Kästen um den dünnen Hals steckte sich ebenfalls einige Handgranaten ins Koppel und zusammen nahmen wir die alte Kiste in der wir die angefertigten Geballten Ladungen und die Panzerfäuste gelegt hatten .Nun nur noch unsere wenigen persönlichen Habseligkeiten gepackt und so schlichen wir uns so leise es eben mit dieser Last und der herrschenden Dunkelheit ging aus unserer bisherigen Stellung, jedes übermäßige Geräusch verhindernd und gingen zum Gefechtsstand. Dort angekommen standen schon viele verschiedene Dienstgrade herum und unterhielten sich leise. Leutnant Schütz war noch nicht zu sehen. Friedrich und ich gingen zu dem Kameraden vom Kompanietrupp den ich in dem dieser Versammlung als einzigen erkannte.

Ein Mann der vielleicht Anfang 30 war und eine sehr Kräftige Statur hatte sprach uns an und meinte „ Na ihr seit ja ganz schön bepackt, na ja bei den MG- Trupps macht sich die fehlende Mannschaftsstärke halt auch dadurch bemerkbar das man halt mehr Gepäck mit sich schleppen muß." Ich sah ihn an und suchte nach irgendwelchen Rangabzeichen, fand aber keine eben so wenig wie irgendwelche Orden oder andere Ehrenzeichen was bei den Männern von diesem Trupp merkwürdig war denn soweit ich es sehen konnte trugen die meisten von ihnen mindestens das EK 2 doch hatte niemand hier Rangabzeichen! War es vielleicht eine Bewährungseinheit? Dagegen sprachen aber die Orden der restlichen Männer. Hm aber nun entdeckte ich das auch der Kamerad den ich bereits kannte nun keinerlei Rangabzeichen mehr trug! Nach einigem zögern antwortete ich dann „ Ja das waren noch Zeiten als ich in meinem Schützenpanzer saß und durch die Gegend kutschiert wurde!" und grinste. Leises Gelächter kam auf und ich fühlte mich gleich nicht mehr ganz so unwohl. Der Kamerad vom Kompanietrupp sagte darauf „ So ich stelle mich nun endlich erst einmal vor. Ich bin Unteroffizier Friedrichs, Jürgen Friedrichs und dieser Bursche ist unser Kompanietruppführer Ritterkreuzträger, Inhaber von vier Panzervernichtungsabzeichen und Besitzer der Medaille Winterschlacht im Osten, und dies um nur einiges zu nennen, Oberfeldwebel Erich Geiger!" Mir hatte es ob dieser Offenbarung kurz die

Sprache verschlagen und ich machte wahrscheinlich einen ziemlich dummen Geschichtsausdruck. Ich stellte erst einmal meine Kästen ab und legte mein MG beiseite und stammelte „ Herr Oberfeld ich wusste ja nicht, ich meine ich sah keine Rangabzeichen?" Er erwiderte „ Nur die Ruhe, meine Abzeichen und Orden habe ich aus dem Grund abgelegt da der Russe nicht wissen muß wer welchen Rang hat und meine Männer erkennen mich auch so an meiner Stimme oder am Aussehen und wenn es mir jemand nicht glauben sollte muß ich nur kurz in meiner Tasche herum kramen. Da ist der ganze Klempnerladen drin. Das ist natürlich nur möglich wenn man eine Erfahrene und eingespielte Truppe hat. Wir hatten das Glück das wir so ziemlich komplett zu diesem Haufen gesteckt wurden was mir nur durch einiges gutes zureden und der Bekanntschaft mit einigen höheren Herren gelang. Ich habe es auch jedem meiner Leute nahe gelegt es mir gleich zu tun, bei den Rängen hat es ja gut geklappt aber von ihrem Lametta konnten sie sich noch nicht ganz trennen aber wenigsten legen sie es vor einem Gefecht ab." Wobei er und seine Männer bei der letzten Äußerung grinsten.

Als wir uns noch ein wenig unterhielten und ich ihm auf die merkwürdige Zusammenstellung eines Kompanietrupps ansprach und zur Antwort bekam, das sie eher als Eingreifreserve dienen und weniger als normaler Kompanietrupp, kam dann auch der Leutnant pünktlich halb zwei aus seinem Gefechtsstand, lief durch die Reihen, sprach mit einigen Männern ein paar Worte und befahl dann denn Aufbruch.

Der Kompanietrupp sollte sich wie geplant als erstes los machen und der Rest der Kompanie immer in drei- bis vier Minuten abständen folgen. Ich wollte mich gerade dem Kompanietrupp anschließen als eine helle aber schneidende Stimme mich anrief und meinte „ Wo wollen sie den hin Feldwebel? Sie stehen zu meiner Besonderen Verfügung, haben sie das etwa vergessen? Oder denken sie der Kompanietrupp hat nicht genügend Kampfkraft um in die neue Stellung zu gelangen oder wissen sie gar mehr als wir alle?" Ich wußte nicht ganz was der Leutnant mit der letzten Bemerkung ausdrücken wollte, hatte jedoch einen Verdacht aber ich ließ es dabei, den er machte auf mich auch so schon einen nervösen, angespannten und vielleicht sogar etwas ängstlichen Eindruck. Aus Erfahrung wusste ich, das solche Leute sehr gefährlich werden konnten und wer wußte den schon zu was dieser junge Kerl sich hinreißen lassen würde wenn er sich in seiner Autorität untergraben fühlte und den Eindruck hatte das er sie vielleicht vor uns beweisen müsse? In diesen Zeiten von fliegenden Standgerichten und schnell einberufenen Erschießungskommandos wegen tatsächlicher oder auch nur vermuteter Feigheit vor dem Feind oder Defätismus war mir in dieser Sache jeder Widerspruch zu riskant. Ich antwortete also nur „Jawohl her Leutnant" und hängte noch ein „Zu Befehl Herr Leutnant" hinten dran.

Als der vor gegangene Kompanietrupp knapp drei Minuten unterwegs war, setzte sich dann auch der Stab und wir zwei in Bewegung. Auf dem Weg zur neuen Stellung wurde uns von einigen Kameraden beim schleppen der Ausrüstung geholfen, denn sie wußten wohl ganz genau welche Kampfkraft ein voll einsatzfähiges MG 42 haben kann. Doch wenn die Bedienung des Maschinengewehrs vollgepackt war wie die Packesel, dann war es mit der Einsatzfähigkeit nicht weit her.

Wir und auch die anderen Einheiten der Kompanie kamen unangefochten von eventuell durchgesickerten Feindkräften in die neuen Stellungen an. Sie befand sich neun Kilometer hinter unserer bisherigen Stellung. Die Linie verlief entlang des und im Oderbruch. Die sogenannte Großkampf- HKL verlief wiederum etwa fünf Kilometer hinter der vordersten Linie entlang den Ortschaften Lebus- Neu Tucheband- Letschin- Neu Lewin. Wie ich vermutete war die Stellung die mir vom Kompaniechef zugewiesen wurde alles andere als ideal. Wenigstens gab es zur Not noch eine Ausweichstellung. Also machten wir uns an die Vorbereitung unserer neuen Stellungen, denn der erwartete Großangriff der Sowjets sollte ja bald starten. Diese Offensive sollte entweder die Kriegswende bringen oder den Krieg in nächster Zukunft beenden, je nachdem welcher Feldpostnummer man angehörte.


*

Pünktlich um vier Uhr früh begann das Artillerie
Feuer der Sowjets um unsere Stellungen Sturmreif
zu schießen. Zum Glück schien die russische Füh-
rung nichts von unserem Stellungswechsel be-
merkt zu haben. „ Mein Gott wenn dieser Segen
uns getroffen hätte dann wäre es mit uns schon
aus bevor es überhaupt begonnen hatte!" sagte ich
leise vor mich hin. Friedrich starrte nur voller Entsetzen auf die Gewaltigen Detonationen  im Be-
reich unserer alten Stellungen. Er war nicht fähig
auch nur ein Wort zu sagen. Wir hatten großes
Glück denn auch beim Beschuß der Rückwärtigen
Stellungen, die ja dann eigentlich unsere Vorderen
Stellungen waren bekamen wir nur wenig ab und
die Männer die Größtenteils noch nie ein Artillerie
Feuer erlebt hatten zeigten erstaunlich viel Disziplin. Nach circa 30 Minuten wurde das Trommelfeuer beendet und es leuchteten schlagartig mehrere Dutzend große Scheinwerfer auf. Was dieses
Schauspiel sollte war uns damals jedoch nicht
klar. Friedrich fragte mich in diesem Augenblick „
Herr Feldwebel wissen sie was das nun wieder für
eine Teufelei von den Russen sein soll?" Ich schüttelte nur den Kopf und sagte zu ihm das er sich
bereit machen sollte den es würde gleich so richtig
los gehen. Und dann sahen wir sie kommen da
wir in unserer neuen HKL eine erhöhte Stellung
hatten konnten wir die Russischen Angriffswellen
gut und sehr früh einsehen, noch dazu da die
Scheinwerfer die uns wohl eigentlich blenden sollten dies mit den Sowjetischen Sturmtruppen taten. Die Lichtkegel der Scheinwerfer wurden
nämlich vom Pulverdampf des Artilleriefeuers

und vom Frühnebel reflektiert und blendeten die Angreifer und wir sahen sie in aller Deutlichkeit da sie gegen einen Beleuchteten Hintergrund antreten mußten. Zuerst legte unsere eigene Arie ein zwar kurzes aber dennoch heftiges Sperrfeuer mitten in die Angreifenden Verbände. Es konnte es zwar bei weitem nicht mit dem Beschuß durch die Russen aufnehmen war aber in den Maßstäben von 1945 gesehen für unsere Verhältnisse ganz Ordentlich. Danach aber auch während des Sperrfeuers begangen die in unserem Abschnitt liegenden PAK- und wenigen schweren FLAK Geschütze zu feuern. Man konnte deutlich sehen, daß sich bei der Sowjetischen Infanterie, die eigentlich in Schützenreihe vorgegangen war Verwirrung breit machte. Dennoch gingen sie angetrieben von ihren Offizieren und Kommissaren zwar langsamer aber stetig vor. Hinter den ersten zwei Infanterie Wellen kamen nun auch russische Panzer in Sicht. Diese wurden aber sogleich von den PAK –und FLAK Geschützen angegriffen. Trotz des eigentlich recht massiven Abwehrfeuers unserer schweren Waffen kamen die Russen scheinbar unaufhaltsam näher. Ich schaute in meine Stellung, suchte die Handgranaten, Geballten Ladungen und Panzerfäuste, legte sie mir so zu Recht, das ich sie in schnellstmöglicher Zeit benutzen konnte, befahl Friedrich es mir gleich zu tun und noch einmal die MG-Gurte zu überprüfen. Ich versuchte krampfhaft meine innere Unruhe zu bekämpfen, die mich vor jedem Kampf überfiel und nach außen Zuversicht auszustrahlen um nicht Friedrich auch noch mehr als sowieso schon zu beunruhigen. Dann waren sie auch bei uns so nahe heran, das ich das Feuer auf sie eröffnen konnte. Links bei der Nachbarkompanie waren sie scheinbar schon vorher nahe genug heran gewesen oder der MG-Schütze hatte die Nerven verloren und das Feuer zu früh eröffnet, was mit zu wenig Erfahrung schnell passieren konnte da man die Entfernungen vielleicht falsch einschätzte oder wie gesagt ganz einfach die Nerven verlor. Ich sagte leise zu mir „ Nun dann auf ein neues." Und etwas lauter zu Friedrich gewand „ Bist du bereit? Hast du die Reserveläufe und die neuen MG-Gurte Griffbereit?" Ich wartete das übliche Jawohl Herr Feldwebel nicht ab, schaute durch die Zieloptik suchte mir eine Gruppe Iwans die ein wenig zu nahe beieinander vorrückte, wartete bis sie gerade wieder aufsprangen um in die nächste Deckung zu gelangen und eröffnete das Feuer und wieder begann das grauenvolle, erbarmungslose Spiel. Die Kälte, die vorher langsam, aber stetig in meine Glieder kroch, war plötzlich wie weg geblasen. Entweder sie oder ich, dachte ich mir und schon bei den ersten Feuerstößen wurde diese Gruppe wie von einer Sense niedergemäht. Diese Soldaten versuchten das letzte Mal in eine Sichere Deckung zu gelangen. Sie sollten sie nie erreichen. Zielen und feuern auf neue immer näher rückende Feindgruppen war dann schon bald fast eins und es boten sich genügend Ziele für mich. Unglaublich mit welchen Massen die Russen angreifen konnten. Hatten sie nicht in den Jahren des Deutschen Vormarsches und der Großen Kesselschlachten der Jahre 1941 und 1942 Hunderttausende, ja sogar Millionen Soldaten an Toten und Gefangenen verloren? Und doch konnten sie bei jeder neuen Offensive mit einer erdrückenden Übermacht antreten, so auch diesmal wieder. Sie alle wurden von den Russischen Scheinwerfer Batterien beleuchtet und vereinfachten uns den Abwehrkampf zu einem erheblichen maße. Nach Munition brauchte ich auch nicht zu schauen den mein Schütze 2 hatte in dieser Hinsicht alles bestens im Griff. Obwohl ich mit meinem MG 42 unter den herannahenden Sowjetischen Sturmgruppen fürchterlich wütete, arbeiteten diese sich immer näher heran. Man mußte diesen Männern wirklich Respekt zollen für ihre Todesverachtung. Mitten im Kampfgeschehen schrie ich Friedrich zu „ Schnell Laufwechsel, beeile dich und vergiß den Schutzlappen nicht er glüht schon fast!" Friedrich tat das ihm gerade aufgetragene in einer unglaublichen Schnelligkeit als ob er noch nie etwas anderes getan hatte. Nach dem Laufwechsel ging es für uns wieder los, wer schießt schneller, wer zielt genauer der Feind oder ich? Ununterbrochen jagte ich die Feuerstöße aus dem Lauf und traf meine Ziele. Wie viel Zeit war seit der ersten Feuereröffnung vergangen, zwei Stunden, drei Stunden vielleicht auch nur eine halbe Stunde? Ich hatte meine Zeiteinschätzung vollkommen verloren. „Achtung von links kommen Panzer durch die Senke!" schrie Friedrich ich achtete nur bedingt auf diese Warnung denn ich hatte schon genug damit zu tun die Sturmtruppen der Sowjets aufzuhalten. Erst als mehrere Einschläge der Panzerkanonen vor unserem MG-Stand einschlugen registrierte ich die Gefahr. Ich jagte den Inhalt des Gurts in eine größere Feindgruppe die sich ebenfalls zu sehr zusammengerottet hatte und von einem Offizier gerade auseinander getrieben wurde, doch dieses Vorhaben sollte er nicht mehr beenden können genausowenig wie der Kommissar der sie immer weiter nach vorn treiben wollte . Wie mit einem gewaltigen Sensenhieb streckte ich den Großteil dieser Gruppe mit einem langen Feuerstoß nieder und sagte so laut zu Friedrich das er mich bei dem Gefechtslärm verstehen konnte „Leg einen neuen Gurt ein, danach schnappst du dir eine Panzerfaust und feuerst sie in die Richtung der nächsten Feindgruppe, schnappst dir danach einen Muni- Kasten, die Ersatz- Läufe ein paar Geballte Ladungen und eine weitere Panzerfaust und rennst so schnell wie du dann noch kannst zur Ausweichstellung. Wenn du merken solltest, dass dir das Gepäck zu schwer wird, schmeiß das Zeug einfach ab! Mir ist es wichtiger, dass du heil ankommst! Benutze den Stichgraben dann bist du eigentlich zum größten Teil vor Einsicht und Beschuß sicher" ohne ein Antwort abzuwarten stieß ich ihn kurz an als ein Zeichen, das er sich los machen sollte und schrie „Los jetzt ab dafür, ich versuche die Aufmerksamkeit auf mich zu lenken. Wenn ich sehe, das du angekommen bist komme ich nach." Friedrich packte eine Panzerfaust, zielte kurz und schoss auf eine Gruppe Rotarmisten, die gerade zum nächsten Sprung ansetzen wollten, warf das nun nutzlos gewordene Rohr weg, packte die restlichen Sachen zusammen und machte sich dann los. Ich eröffnete mit meinem MG das Feuer auf die Infanterie, die zwar vom Sprengkegel der Panzerfaust in Deckung gezwungen wurde, aber längst nicht in gefährlicher Nähe der erzeugten Explosion war und hielt jetzt auch mit kurzen Feuerstößen auf die in Reichweite liegenden und bereits auf mich feuernden Panzer. Natürlich wußte ich, das dies den Panzern nichts anhaben konnte aber vielleicht erhöhte ich damit die Chancen von Friedrich heil durch zu kommen und ich wußte von unseren Panzermännern das sich MG- Beschuß in einem Panzer sehr entnervend anhörte und eine unerfahrene Besatzung durchaus verunsichern konnte.

Als es nun wieder einige Male bedrohlich nahe bei mir einschlug und mein Gurt fast durch war, wurde es mir dann auch zu ungemütlich. Ich klappte das Dreibein zusammen, hängte es mir um, steckte mir noch eine Geballte Ladung in meine Knobelbecher, schnappte mir noch eine Panzerfaust und schlich dann ebenfalls vorsichtig durch den Stichgraben Richtung  Ausweichstellung. Im Graben angekommen sah ich dann leider, daß der noch immer wütende Abwehrkampf auch an unseren Einheiten nicht ohne Verluste abgegangen war. Im Graben lagen einige tote oder verwundete Männer einigen wurde bereits geholfen so gut es ging aber bei einigen sah man das ihnen nicht mehr geholfen werden konnte oder das jede Hilfe umsonst war, doch waren sie dann wenigstens beim Sterben nicht allein und das war den meisten sehr wichtig, was ich aus eigener Erfahrung leider auch wußte, denn ich war schon oft, ja zu oft dabei und mußte einen guten Kameraden die Hand halten und ihm letztendlich die Augen zudrücken, wann würde es wohl jemand bei mir tun müssen oder wäre ich bei diesem letzten Gang zum Allmächtigen allein? Dies alles nahm ich in Sekundenschnelle auf und war. An einer Biegung angekommen sah ich daß der Graben an dieser Stelle vermutlich von einer Artilleriegranate eingeebnet wurde, also raus aus dem Graben und ab durchs Gelände. So schnell es so bepackt eben ging ließ ich mich in eine kleine Kuhle gleiten und konnte von dort aus kurz das Gefechtsfeld überblicken, einige Feuerstöße ins Gelände schicken und sah mehrere qualmende und brennende Feindpanzer vom Typ T- 34 womit ich schon mehrmals unangenehme Bekanntschaften gemacht hatte, aber auch mindestens zwei größere Brocken und dachte das dies diese Stalin Panzer der Iwans sein müssen, denn ich kannte sie glücklicherweise nur vom Hörensagen. Als eine Kugel mit einem kurzen Pfiff an mir vorbei flog wurde ich auf diese erschreckende Art aus meinen Gedanken gerissen. War ich entdeckt oder war es nur eine verirrte Kugel? Ich wollte es nicht unbedingt herausfinden indem ich wartete ob nochmals auf mich geschossen wurde und kroch über das Stück Gelände, aus morastiger feuchter Erde um danach wieder in den Graben zu kommen der wenigstens etwas Deckung bot. Als ich dann heil in die neue Stellung kam, war das Gefecht bereits größtenteils Abgeflaut. Ich jagte noch einige Feuerstöße in Richtung des zurückgehenden Gegners und kümmerte mich dann darum, das wir in der Ausweichstellung 100 %- ig Einsatzbereit wurden.

Der erste Angriff wurde also abgeschlagen, was
wahrscheinlich größtenteils damit zu tun hatte
das unsere Linie vor dem Angriff zurückgenom-
men wurde und wir dadurch keinerlei größere
Verluste durch das Arie- Feuer zu verzeichnen
hatten. Die Russen mußten dann gegen eine völlig
intakte Verteidigungsstellung anrennen, worauf
sie in keinster Weise vorbereitet waren. Auch er-
wies sich der kleine Trick mit den Scheinwerfer-
batterien eher als Nachteil für sie und nicht als
Vorteil. Als das Gefecht dann endgültig beendet
war, abgesehen von einigen vereinzelten Schüs-
sen begaben wir uns in unsere Hauptstellung um
schnellstmöglich unsere restlichen Sachen zu holen, denn ich hatte vor in unserer Ausweichstellung zu bleiben, denn der Russe hatte im Gegensatz zu unsere Ausweichstellung unsere Hauptstellung ausgemacht und würde sie jetzt sicher
versuchen gezielt auszuschalten. Also schlichen
wir uns in die Stellung. Immer geduckt und in
möglichst guter Deckung bleibend denn ich hatte
den Verdacht das sich im Vorfeld Einzelschützen
oder sogar Scharfschützen befanden. Wie recht
ich mit dieser Vermutung  hatte sollte sich gleich
zeigen.
   Als wir gerade das Geländestück kriechend pas-
sierten welches um den eingesackten Graben herum führte ,mit unseren Nasen fast schon so tief
daß wir beinahe eine Furche durch den Boden zo-
gen, stand ein alter Volkssturmmann aufrecht
ohne jede Deckung am Graben, zu allen Überfluß
auch noch ohne Stahlhelm und rief uns zu was wir
den da für eine komische Vorstellung abgeben

wollten. Dies war dann leider aber auch, viel zu vorhersehbar sein letzter Satz. Ein einzelner trockener Knall war zu hören und der Volkssturmmann kippte nach hinten weg  rutschte in den Graben und blieb dann merkwürdig verkrümmt liegen. Ich ließ mich geistesgegenwärtig so schnell wie möglich in den Graben gleiten, zog Friedrich an den Armen hinter mir her und beugte mich zu dem alten Mann hinunter, sagte zu Friedrich er solle sich schon mal auf den Weg machen, besondere Vorsicht walten lassen und jedem den er auf dem Weg begegnete auf die Gefahr hinweisen. Als ich sah, das Friedrich weg war drehte ich den Alten um und sah im gleichen Moment das hier nichts mehr zu helfen war. An der Stelle wo einmal sein Gesicht war befand sich nur noch eine breiige Masse der Hinterkopf  wies ein großes Loch auf, der Gegner hatte tatsächlich mit Explosiv- Geschossen gefeuert. Eine äußerst erschreckende Art von Munition, denn es gab bei einem Treffer kaum eine Chance zum Überleben und wenn doch dann war man für immer gräßlich Entstellt.

Als wir in unserer alten Stellung ankamen suchten wir die restlichen Ausrüstungsgegenstände zusammen. Ich schickte Friedrich schon einmal vor, belehrte ihn nochmals immer in Deckung zu bleiben und sich in unserer Stellung schon mal Vorzubereiten und so lange wie ich weg sei, das MG zu übernehmen. Ich wollte schnell zum Kompaniegefechtsstand um Schütz auf die Gefahr der Scharfschützen im Vorfeld hinzuweisen und wollte ja eigentlich nicht lange weg bleiben. Auf dem

Weg dorthin sah ich dann nochmals, daß das erste Gefecht doch einigen Schaden an unseren Stellungen hinterlassen hatte, einige Männer verwundet wurden, teils schwer aber glücklicherweise die meisten nur leicht und diese auch bei der Truppe blieben, denn wir konnten es uns einfach nicht leisten das die Leichtverwundeten aus der Truppe ausschieden. Unsere Grabenstärke war ja auch so schon zu gering. Die schwer Verwundeten wurden gerade von gehfähigen Verwundeten nach hinten zu den Verbandsplätzen gebracht. Ich war überzeugt, das viele Verwundungen auf mangelhafte Ausbildung zurück zu führen war.

Ich kam zum Gefechtsstand und trat hinein, in einer recht düsteren Atmosphäre stand der Kompaniestab um einen kleinen grob gezimmerten Tisch und betrachtete auf einer Karte die Lage. Ich meldete mich beim Adjutanten des Leutnants und beschrieb kurz mein Anliegen. Er ging zum Leutnant besprach sich kurz mit ihm. Nach kurzer Zeit kam Leutnant Schütz zu mir und sagte „ Feldwebel wo genau haben sie diesen Vorfall beobachtet? “ Ich antwortete „ Es war am eingestürzten Stichgraben ungefähr 50 Meter von meiner MG-Stellung entfernt zwischen MG-Stellung und Gefechtsstand. Der Graben muß wohl einen Artillerie Treffer abbekommen haben.“ Darauf erwiderte der Leutnant „Hm als erstes müssen wir den Graben wieder frei bekommen, so das die Männer dort wieder vernünftig Deckung bekommen.“ An den Kompanietruppführer gewand sagte er“ Oberfeldwebel Geiger bestimmen sie 4 Mann, die sollen den Graben wieder flott machen, aber za-

ckig und legen sie endlich wieder ihre Rangabzeichen an wir sind hier doch keine Kasperbude!"
Der Angesprochene antwortete „ Jowoll Herr
Leutnant, 4 Mann zum Graben instand setzten,
aber zackig!" ignorierte gekonnt den zweiten Teil
des Befehls und entfernte sich. Einen Melder her-
beirufend meinte er zu diesen „ Sie machen sich
sofort auf den Weg und holen die Zugführer her-
bei, der neue Tagesbefehl des Führers persönlich
ist eingetroffen, er muß so schnell wie möglich
den Einheitsführern übergeben werden, wann er
dann der Truppe bekanntzugeben ist wird noch
gemeldet und außerdem möchte ich jedem der
Herren auf die Gefahr durch diese Verdammten
Scharfschützen hinweisen, sie sollen ihre Männer
einbleuen vorsichtiger zu sein!" Dann wieder an
mich gewand sagte er „ Sie Feldwebel bekommen
natürlich ein eigenes Schriftstück mit dem Tagesbefehl des Führers um ihn ihrem Schützling mit-
zuteilen und damit ich sie nicht länger als nötig
aufhalte, sie werden schon den richtigen Zeit-
punkt zur Bekanntgabe finden." Und übergab mir
dabei gleichzeitig ein Blatt Papier was dann für
mich auch das Zeichen zum Aufbruch war. Ich
faltete das Blatt ohne auf besondere Sorgfalt zu
achten so daß  ich es in die Uniformbluse stecken
konnte und begab mich dann wieder zu meiner
Stellung. Auf dem Weg zu meiner Stellung hörte
ich auf einmal ein erst leises und dann immer lauter werdendes brummen und dann sah ich sie
auch schon, Russische Schlachtflieger von uns
auch Schlächter genannt und schon tausendfach
mit allen möglichen Flüchen belegt. Sie wurden

begleitet von einigen kleinen wendigen Jägern, welche auch heute wohl nicht viel zu tun haben würden denn von der Deutschen Luftwaffe hatte ich schon lange nichts mehr gesehen. Ich preßte mich so nahen an die Grabenwand wie es ging und hoffte inständig das mich hier kein Volltreffer erwischen würde.

In unserem Abwehrstreifen hatten wir, wie auch sonst in der gesamten Deutschen Abwehrfront einen beklagenswerten Mangel an Artilleriegeschützen aber durch die Nähe zu Berlin, welches ein enormes Arsenal an Flak-Geschützen aller Art hatte wurde dieser Mangel ein wenig ausgeglichen den es wurde eine nicht unerhebliche Zahl an Flak-Batterien hier an die Front geschafft um diese in Hinsicht auf Flak, Pak und Artillerie zu verstärken den die Deutschen 8,8 cm, 10,5 cm und auch 12,8 cm Flak konnten alle drei Aufgaben übernehmen. Diese Verstärkung der Flugabwehr machte sich jetzt bemerkbar den die Sowjetischen Flieger gerieten in einen wahren Feuerorkan und mehrere Flugzeuge wurden abgeschossen. Doch viele kamen auch durch, denn wie bei allen Waffengattungen der Wehrmacht litt auch die Flak unter permanenten Munitionsmangel und die Flak-Artilleristen konnten mal wieder nicht so schießen wie sie es gerne gewollt hätten, auch wurden viele Flakgeschütze von Hitlerjungen oder RAD- Mitglieder bedient. Es waren meist nur die Geschütz- oder sogar nur die Batterieführer reguläre Soldaten. Es wurden viele ausgemachte Stellungen und

Bunker angegriffen und so mancher Landser kam in einem als sicher gehaltenen Unterstand ums Leben. Die Sowjetischen Flieger konnten sich Zeit lassen und kümmerten sich trotz massiver Abwehr um eine Flak-Stellung, um ein MG-Nest und um einen Bunker nach dem anderen und auch in der Nähe meiner Alten MG-Stellung kamen einige Bomben herunter. Ob es direkte Treffer waren konnte ich nicht genau beobachten da ich meine Nase nicht zu weit aus dem Graben heben wollte. Plötzlich sah ich eine Gruppe Soldaten aus dem Graben springen und nach hinten laufen, wahrscheinlich hatten sie bei diesem Bombardement die Nerven verloren und suchten ihr Heil in der Flucht. Sofort drehten drei Schlächter ein und jagten die kleine Gruppe.Sie sorgten dafür, das die Gruppe auseinander getrieben wurde und nahmen sich dann einen nach dem andern vor. Sie verhielten sich wie auf einem Übungsflug und die bedauernswerten Männer waren die Zielscheiben. Keiner dieser unglücklichen konnte entkommen. Nach circa einer halben Stunde war dieser Spuck dann vorbei und ich beeilte mich das ich in mein MG-Nest kam, hoffentlich war dort alles gut gegangen und Friedrich hatte die Nerven behalten. Kurze Zeit später kam ich im Nest an und auch die Stelle beim eingestürzten Graben hatte ich gut überstanden. In der neuen Stellung war alles in Ordnung

Aber auf dem Hinweg hatte ich gesehen, das die alte Stellung einen oder sogar mehrere Volltreffer abbekommen hatte und dort nichts mehr zu holen war. „Wären wir dort geblieben hätten sie uns von der Verpflegungsliste streichen können." sagte ich zu Friedrich. Er antwortete „Nun ja Glück muß man haben, aber mit Verpflegung ist eh erst mal aus! Als ich hierher gegangen bin hatte ich gehört wie ein alter Volkssturmmann meinte beim Ariefeuer hatte es die Feldküche erwischt!" „Na toll das kann ja was werden. Hoffentlich organisieren die Herren schnell was neues, denn wo kein Mampf, da kein Kampf, alte Landser Weisheit!" und grinste. „Und ich hab den neuen Tagesbefehl mitgebracht. Ich zog das Papier aus der Tasche meiner Uniformbluse überflog es, knüllte es zusammen und warf es achtlos weg. Den fragenden Blick von Friedrich ignorierte ich und begab mich hinter das MG.


Mit elementarer Gewalt ging es wieder los, der Horizont im Osten schien erneut zu explodieren und die Pforten der Hölle taten sich abermals auf. Ich schrie zu Friedrich, er soll in Deckung gehen und sich so klein wie möglich machen und den Kopf ja nicht nach oben Stecken. Diesmal bekamen wir den Segen aber ab den nun wußte der Iwan ja wo unsere Stellungen waren.

Es war ein Trommelfeuer wie ich es nur selten so intensiv erlebt hatte. Auf jeder Granate schien ein Namen zu stehen an dem sie Adressiert war und die Granaten schienen ihn förmlich zu suchen. Aus dem Augenwinkel sah ich wie ein alter Volkssturmmann über den Grabenrand blickte, im gleichen Moment schlug eine Granate kurz vor ihm ein und ein riesiger Granatsplitter rasierte

ihm den Kopf ab. Kurz daneben verlor einer der
Hitlerjungen durch diesen Anblick die Nerven
sprang aus dem Graben und lief zurück quer
durch das Artilleriefeuer. Plötzlich ein Einschlag
und von dem Jungen würde man nie wieder etwas finden außer vielleicht ein paar Fleischfetzen
und Kleidungsstücke. „Da hatten also zwei Granaten ihren Adressaten gefunden" dacht ich mir
mit etwas Ironie und dicht vor mir schlug eine
Granate ein, Staub und Dreckbrocken rieselten auf
mich herab und ich duckte mich noch etwas tiefer
in die Stellung. In diesem Moment wünschte ich
mir wieder einmal, eine Maus zu sein und mich
irgendwo in ein tiefes Loch  verkriechen zu können. Aber dieser Wunsch blieb mal wieder ein nur
eine Illusion. Mit unverminderter Stärke trommel-
ten die russischen Geschütze auf unsere Stellungen während die deutschen aus Munitionsmangel
zum Schweigen verurteilt waren und das Artille-
rieduell nicht annehmen konnten. Sie sollten erst
dann ein Sperrfeuer schießen, wenn die sowjetischen Sturmtruppen zum Angriff antraten. Was
sie ja ohne jeden Zweifel früher oder später tun
würden den der Iwan mußte ja durch diese letzte
Riegelstellung brechen denn er wollte ja schließlich nach Berlin durchbrechen. Es war ein unbe-
schreibliches Stahlgewitter, wer nicht dabei war
vermag sich dieses Inferno nicht vorzustellen.
Wenn ich in den Phasen des kurz nachlassenden
Feuers einmal den Kopf hob, dann bot sich mir ein
Anblick der so intensiv auf mich wirkte, daß ich
ihn wohl nie wieder vergessen werde. Überall wo
ich hinsah Granattrichter, Explosionswolken und

Vernichtung. In unserer MG-Stellung lag neben mir zusammengekrümmt und wimmernd, Friedrich.

Gewiß er hatte schon so manchen Bombenangriff miterlebt aber zu seinem Glück immer in relativ sicheren weil außerhalb der Großstädten liegende Flakstände, doch die Erkenntnis der wahrhaftigen und unmittelbaren Todesgefahr war doch etwas zuviel für ihn und ich hatte in den letzten Jahren schon gestandene Frontsoldaten gesehen denen es im russischen Trommelfeuer nicht anders erging, bei denen die Nerven auch auf einmal über das erträgliche Maß beansprucht wurden uns sie es einfach nicht mehr aushielten.

Als das Feuer nochmals verstärkt wurde und aus den Einschlägen der normalen Granaten das Nerv raubende Fauchen der von uns gefürchteten Stalinorgeln zu hören war ging ich dann auch lieber wieder in volle Deckung und schaute aber immer mit einem Auge auf Friedrich, immer in der Hoffnung das er nicht auch plötzlich durchdrehte, unvermittelt aufsprang und versuchen würde nach hinten in vermeintliche Sicherheit zu gelangen, denn das wäre auch für ihn der sichere Tod gewesen, genauso wie für den armen Hitlerjungen vor vielleicht einer halben Stunde.

Plötzlich und schlagartig horte das Artilleriefeuer auf. Die jetzt herrschende, fast schon bedrückende Ruhe schien irgendwie unwirklich. Nur allmählich drangen die Rufe und Schmerzensschreie der Verwundeten in mein Bewußtsein, doch da war noch ein anderes Geräusch zu hören, erst leise dann immer lauter werdend. Es war ein

tiefes monotones Brummen und dann sah ich sie
auch schon. „Diesmal schickt uns der Iwan zur
Abwechslung Horizontalbomber!" dachte ich mir
und sah, das sich die Bomber in vier Gruppen auf-
teilten und im gleichen Moment setzte das Feuer
unserer Flak ein. Vier oder fünf Bomber wurden
getroffen und stürzten, eine lange Rauchfahne
hinter sich herziehend ab. Vier oder Fünf, was war
das denn schon für den Iwan? Er würde diese Verluste sicher mit Leichtigkeit ersetzen können. Aus
zweien konnte die Besatzung abspringen, jedoch
fing der Fallschirm von einem Besatzungsmitglied
Feuer. Der Fallschirm konnte sich nicht einmal
vollständig öffnen, in Sekundenschnelle war er
verbrannt und der Flieger stürzte ungebremst
Richtung Boden und schlug auf. Ich starrte wie ge-
bannt auf dieses schreckliche Schauspiel bei dem
ein grausamer Tod die Regie führte.

Die erste der vier Gruppen lud ihre Last über unsere Stellungen ab, jedoch durch das gut gezielte
Flakfeuer recht ungenau und richtete dadurch
glücklicherweise nur wenig Schaden an. Die restlichen drei Gruppen schienen jedoch Ziele im Hinterland zu haben. Wahrscheinlich unsere Artille-
rie- und Flakstellungen oder aber eventuell ausgemachte oder durch Spione oder Verräter und
Überläufer in Erfahrung gebrachte Munitionsde-
pots. Eine Gruppe flog stur geradeaus weiter wobei sich die zweite und dritte Gruppe nach links
beziehungsweise rechts absetzte, trotz allem immer begleitet von dem wütenden Feuer der Flak.
Die Gruppe die sich als erstes ihrer todbringenden
Last entledigt hatte konnte jedoch unbehelligt

vom Flakfeuer oder gar eigenen Jägern ihren Weg Richtung Heimat fortsetzen.

Als die Bomber über unsere Frontlinie hinweg geflogen waren und es als sicher galt das sie ihre Bomben weiter hinten abladen würden traute ich mich wieder etwas aus der Deckung.

Friedrich und ich schauten vorsichtig über den Grabenrand und sahen daß das Vorfeld sich vollkommen verändert hatte, wo vor kurzen noch Wiese war, war nun eine öde Kraterlandschaft. Durch dieses Inferno kam ein Melder zu uns in die Stellung gerannt und gab uns das neue Signal zum zusammengefaßten Feuereröffnen bei einem mit Sicherheit bald erfolgenden sowjetischen Sturmangriff bekannt und machte sich sofort wieder los. Man mußte einfach eine menge Respekt vor diesen Männern haben, denn sie kämpften sich voller Todesverachtung durch das dichteste Feuer um ihre Meldungen durch zu bringen.

Als wir uns das Vorfeld vorsichtig betrachteten und jeder von unser gerade seine kalte Verpflegung herausholen wollte hörten wir von irgendwoher einen Warnruf der uns in derselben Sekunde zusammenzucken ließ, „Achtung Tiefflieger von hinten!". Die sowjetischen Maschinen mußten irgendwo die Front überflogen haben und wollten uns jetzt von hinten beharken. Glücklicherweise flogen sie wieder nicht längs zur Stellung sondern kamen in etwa im rechten Winkel angeflogen und konnten uns so nicht lange beschießen. Zur gleichen Zeit hörten wir ein sonderbares grummeln gefolgt von mehreren Explosionen. Anscheinend hatten die Bomber ihre Ziele erreicht und das sie

auch erfolgreich waren zeigte das sofortige nach-
lassen des Flakfeuers. Die nun ungehindert angreifenden Schlächter und die sie begleitenden Jäger umschwirrten unsere Stellungen und schossen
aus allen Knopflöchern, wie man so schön sagte.
Wehe dem, der sich durch eine unvorsichtige
Handlung bemerkbar machte. Mit Maschinenge-
wehren, Maschinenpistolen oder Karabinern gegen die Il2 vorgehen zu wollen war von vornher-
ein sinnlos und Selbstmord gewesen, denn die
Kugeln währen einfach von der starken Panzerung abgeprallt und man machte dadurch nur auf
sich aufmerksam. Um einen Erfolg mit Handfeu-
erwaffen zu erzielen brauchte man schon eine ge-
hörige Portion Glück.

Die wenigen leichten Flugabwehrgeschütze vom
Kaliber Zwei- oder Dreikommasieben Zentimeter,
die das ungleiche Duell trotzdem tapfer aufnah-
men waren schon nach kürzester Zeit niederge-
kämpft, was bedeutete da schon der Abschuß einer Maschine die darüber hinaus auch noch auf einen Unterstand stürzte und 8 Männern das Leben
kostete.

Doch ohne Vorwarnung stürzten sich zwei deutsche Jäger auf die völlig überraschten feindlichen
Maschinen und holten in wenigen Minuten vier
der gehaßten Schlachtflugzeuge vom Himmel. Ein
unbeschreiblicher Jubel brach unter uns aus, denn
die Anspannung des nichts tun Könnens und er-
tragen Müssens gegen diese feindlichen Luftan-
griffe löste sich in diesem Moment. Die restlichen
Il 2suchten ihr Heil in der Flucht. „Was doch ein
paar Deutsche Jäger auch jetzt noch anrichten

konnten" dachte ich mir gerade. Doch dann waren die russischen Begleitjäger heran und verwickelten die  zwei einsamen Me 109 in einen Luftkampf den sie wahrscheinlich durch die erdrückende feindliche Übermacht nur verlieren konnten, doch dies konnte ich nun nicht mehr beobachten da das typische rumoren schwerer Dieselmotoren einen neuerlichen sowjetischen Angriff ankündigte.

Und da sahen wir sie auch schon. Mittlere Panzer vom Typ T 34 aber auch einige schwere Brocken vom neuen JS 2 Typ und einige von den Westallierten gelieferten Panzer vom Typ Sherman. Es zeigte sich mal wieder, das sich diese Lieferungen sehr beträchtlich auswirkten. Diese Tanks konnten es vielleicht nicht mit den Russischen Panzern in bezug auf Panzerung, Feuerkraft und Geschwindigkeit aufnehmen doch für uns, die wir hier im Graben saßen waren sie doch eine große Gefahr, denn mit Hilfe durch eigene Panzer konnten wir nicht rechnen. Langsam und bedrohlich kamen sie näher. Beim Blick durch meine Zieloptik erkannte ich  auch die aufgesessene Infanterie. Also mußten wir uns im Nahkampf nicht nur mit den Panzern  auseinander setzen sondern dabei auch auf deren Begleitinfanterie acht geben.

Unsere Artillerie legte wieder ein Sperrfeuer vor und in die Reihen der Angreifer und die Flak- und Pak Artillerie beteiligte sich daran doch war zu merken, daß es bei den vorherigen Angriffen wohl doch zu starken Ausfällen gekommen war, denn das Abwehrfeuer war beträchtlich schwächer als vorher. Die Panzer erhöhten jetzt ihre Geschwindigkeit um diese Wand aus glühendem Stahl und Feuer so schnell wie möglich zu durchdringen. Die Infanterie auf dem Panzern hatte ganz sicher alle Mühe sich auf diese zu halten.

Unsere Panzerabwehr erzielte trotz der schnellen Ausweichbewegungen viele Treffer, denn es gab ja zahlreiche Ziele. Diese Treffer hatten dann wieder schaurige Bilder zur Folge. Wenn einer der Panzer getroffen wurde zerriß es dann nicht nur diesen und seine Besatzung, sondern auch die auf ihm kauernden und sich festkrallenden Sturmtruppen oder sie wurden heruntergeschleudert und wurden von herumfliegenden Stahlteilen des explodierenden Panzers getroffen. Wenn sie das Glück hatten das der Panzer nicht gleich explodierte, wurde so mancher von ihnen von den mahlenden Ketten des ausrollenden Panzers erwischt und ganz oder nur teilweise zerquetscht.

Hier führte der Tod eines seiner grausigsten Stücke auf.

All diese Bilder nahm ich in mir auf als ich wie schon Hunderte mal vorher, das MG überprüfte, einen neuen Gurt einlegte, durchlud, eine Panzerfaust bereit legte, mir Handgranaten, Geballte Ladungen zurechtlegte und die Deckel an den Stielen abschraubte so daß das Band mit der kleinen Kugel daran herunterhing, so daß ich im Ernstfall nur noch daran ziehen und dann werfen mußte. Ich wartete auf den Richtigen Moment zur Feuereröffnung, auf das vorher vereinbarte Signal so daß dem angreifenden Feind auf einem Schlag eine geballte Feuerfront entgegenschlug. Mit einem Blick nach rechts sah ich Friedrich wie er ner-

vös neben dem Maschinengewehr hockte und den
Gurt so hielt, dass er nicht im Dreck hing, denn
das letzte was wir bei solch einem massiven An-
sturm brauchten war eine Ladehemmung. Auch
er hatte sich schon seine Nahkampfmittel griffbereit zu Recht gelegt. In den wenigen Tagen in denen er jetzt direkt an der Front war, hatte er allem
Anschein nach bereits eine Menge gelernt. In normalen Zeiten wäre er bestimmt ein guter Soldat
geworden. Und dann war es wieder einmal soweit
ich hatte in meinem Schußfeld ein für mich güns-
tiges Ziel aufgefaßt bei dem ich die Infanterie
schräg von der Seite erfassen konnte und sie so
nicht voll vom Panzerturm geschützt wurden und
außerdem befand sich kurz dahinter ein zweiter
Panzer so das ich gleich auf ein neues Ziel ein-
schwenken könnte. Aus dem linken Augenwinkel
sah ich das Leuchtzeichen in den Himmel steigen,
noch einmal das Ziel genau aufgefaßt und schon
zog ich den Abzog durch. Die Wirkung des zusammengefaßten flankierten  Feuers aus mehreren MG war erschreckend. Soldaten die nicht direkt getroffen wurden, erwischten Querschläger
die vom Panzerstahl abprallten. Sie alle fielen wie
vom  Blitz  getroffen  herunter,  gleichzeitig
schwenkte ich auf mein zweites Ziel ein. Noch bevor diese reagierten und absprangen wiederholte
sich das grausige Schauspiel.
Als ich auf dem ersten Panzer zurück schwenkte
sah ich, das der gerade beschossene Panzer einfach über die Begleitinfanterie des ersten Tanks
hinwegrollte, ganz gleich ob sie noch lebten oder

nicht! Doch um diese Ungeheuerlichkeit richtig erfassen zu können blieb mir keine Zeit.

Plötzlich hörte ich Friedrich schreien „ Mensch schau mal dort kommt noch mehr Infanterie hinter den Panzern und das in Massen, mein Gott die werden und einfach überrennen soviel Munition wie wir da brauche gibt's im ganzen Reich nicht!" ich hatte sie auch bereits gesehen und mein Kragen wurde mir bei diesem Anblick auf einmal zu eng und es schien mir als ob ich keine Luft mehr bekommen würde. Ich hatte es schon oft erlebt das wir eine Stellung aufgeben mußten weil uns die Munition aus ging und wir einfach nichts mehr gegen diese Massen zum Einsatz bringen konnten.

Um gezielt auf sie schießen zu können waren sie noch ein wenig zu weit entfernt und Ziele in der Nähe gab es ja schließlich auch genug. Wenn der Iwan etwas in Hülle und Fülle hatte dann waren es anscheinend Soldaten, denn hier rannten ganze Regimenter und Divisionen an. Wenn eine Angriffswelle liegenblieb dann kamen dahinter schon zwei neue und diese nahmen ihre vor kurzem gefallenen Kameraden als Deckung um sich so immer näher an unsere Gräben heranarbeiten zu können.

Neue Ziel suchen, abdrücken und dazwischen neue Gurte einlegen und glühende Läufe wechseln wurde bald eins. Dann meinte Friedrich auf einmal „ Nur noch zwei Muni- Kästen, wenn die Iwans nicht langsam weniger werden wird das aber knapp!" Sollte auch diesmal eine Stellung wegen Munitionsmangel aufgegeben werden müssen und nicht weil der Iwan taktisch überlegen war? Ich achtete nicht sonderlich darauf.

Viel mehr Sorgen machte es mir das die Panzer immer näher kamen und unsere Gräben und Stellungen zusammen schossen. Es wunderte mich wirklich, daß sie anscheinend unsere Stellungen noch nicht ausgemacht hatten. Wir bekamen nur ab und zu ein paar Nahtreffer um die Ohren die ungenau abgefeuert wurden. Als ich gerade dabei war eine Gruppe Soldaten zu beschießen die geraden ein Maxim- MG in Stellung bringen wollten geschah es, Friedrich krächzte „Verdammt der dreht auf uns ein, der meint diesmal aber genau uns!" und stieß mich so heftig um, das ich das MG mit riß und vom Dreibein holte. Nur Sekunden später folgte ein Einschlag ganz in unserer Nähe gefolgt von MG-Feuer. Die Vermutung lag dadurch zum Greifen nahe, das wir nun tatsächlich von einem Panzer ausgemacht wurden, also was tun?

Ich ließ mich kurz zur Seite rollen und schaute über den Stellungsrand.

Was ich dort sah ließ mir das Blut in den Adern gefrieren. Der Russenpanzer kam direkt auf uns zugerollt, mir war sofort klar was er vorhatte.

Er wollte uns in unserer Stellung zerquetschen indem er darüber fuhr und sich danach auf der Stelle dreht.

Er war vielleicht noch 250 Meter entfernt vielleicht etwas weniger. Höchste Gefahr und dadurch war höchste Eile geboten.

Ich schnappte mir eine Panzerfaust, sagte Friedrich er solle sich auch eine nehmen und versuchte

unentdeckt in den Stichgraben zu gelangen, ich
wollte versuchen von der Seite an den Panzer heran zu kommen. Also nach rechts raus aus den
Graben. Dort schien mir die Chance zum uner-
kannten vorankommen am besten gegeben. Deckung gab es ja mittlerweile zur Genüge und so
brauchte ich nicht weit durch das fast deckungslo-
se Gelände zu robben ich schätzte so circa 20 Meter. So schnell wie ich in dieser sehr kritischen Situation riskieren konnte glitt ich in Richtung des
nächsten günstig gelegenen Granattrichter, immer
mit der Angst im Nacken der Panzerfahrer würde
mich vorher entdecken, beschleunigen und wie einen Hasen jagen und immer von den typischen Infernalischen Geräuschen des Russentanks begleitet. Schon fast am Trichter angekommen bemerkte
ich zu meinem Entsetzen wie in meiner unmittelbaren Nähe eine MG- Garbe einschlug, schaffte es
dennoch in den Trichter hinein. Waren die Schüsse Zufall oder war ich etwa entdeckt? Ich mußte
einfach einen Blick riskieren. Entsetzt sah ich den
Panzer wiederum genau auf mich zusteuern. Resi-
gniert ließ ich mich wieder auf den Boden des
Granattrichters rutschen. In Sekundenschnelle
ging mir durch den Kopf „Aus! Aber egal was
passiert, hoffentlich geht es schnell und hier in
diesem elenden Loch zermalmen lassen, laß ich
mich noch lange nicht!" Gerade als ich mich hin-
stellen und die Panzerfaust im Anschlag nehmen
wollte, hörte ich ein lautes zischen gefolgt von einem lauten Knall.
Das brüllen des schweren Dieselmotors erstarb
genauso wie das nervenzerrende Quietschen der

Panzerketten. Ich schaute vorsichtig zum Panzer und sah den Panzerrumpf und daneben schräg angelehnt den schweren Turm. Aus dem Rumpf stieg schwarzer öliger Rauch auf. In unserer Stellung sah ich kurz Friedrich auftauchen.

Er strahlte über das ganze Gesicht, jedenfalls schien es mir so, winkte zu mir herüber, deutete nach rechts und verschwand schnell wieder.

Ich blickte in die angegebene Richtung und sah einen weiteren sowjetischen Panzer kurz vor dem Graben und vor ihm flüchtende Kameraden.

„Das ist aber meiner!" dachte ich mir oder sagte ich es laut?

Ich hastete, ohne besonders auf Deckung zu achten  immer die Panzerfaust fest in beide Hände haltend Richtung Panzer, denn ich sah, das dieser den Kameraden das eben noch mir zugedachte Schicksal bereiten wollte. Er wollte sie jagen und dann bei lebendigem Leib zerquetschen.

Ich kam bis ungefähr 50 Meter an den Panzer heran ohne von der Infanterie oder einem anderen Panzer gesehen zu werden, kniete mich hin, legte die Panzerfaust auf die Schulter, klappte das Visier hoch, zielte kurz und schoß. Ich sah den Sprengtopf förmlich auf den Panzer zufliegen, sah den Aufprall und registrierte sogleich, das es keine Detonation gab. Der Sprengtopf glitt ohne zu explodieren vom Turm ab und fiel ohne Schaden anzurichten auf den Boden. „Blindgänger, verdammt ausgerechnet jetzt!" dachte ich mir. Realisieren der Situation und darauf reagieren waren fast eins. Hier konnte ich nicht liegenbleiben den früher oder später würde man mich doch entdecken und wie einen räudigen Hund abschießen, die Kameraden waren noch immer in Lebensgefahr, glücklicherweise setzte der Panzer sein MG nicht ein, er wollte tatsächlich eine Hetzjagd veranstalten.

Da besann ich mich darauf das ich noch eine geballte Ladung im Koppel hatte, schaute mich kurz um, sah das mir keine unmittelbare Gefahr drohte und rannte so schnell ich konnte auf dem nun aber weiter entfernt fahrenden Panzer zu. Ich kam mit pfeifender Lunge am Panzer an. Meine Beine wollten mir den Dienst verweigern und meine Uniform klebte mir trotz Kälte am Körper. Ich bekam ein Stahlseil zu fassen und konnte mich daran hoch ziehen. Nun kniete ich auf dem Heck des russischen Tanks, stand vorsichtig auf, zog die geballte Ladung aus dem Koppel schraubte den Verschluß auf und legte sie auf die Heckabdeckung des Panzers, so daß ich sie mit meinen Füssen festhalten konnte, zog meine 08 und hämmerte mit dem Griffstück auf den Turmdeckel. Der Panzer hielt tatsächlich an. Der Deckel öffnete sich und das Gesicht des Kommandanten erschien. Mit der linken Hand schleuderte ich das Lug nach hinten mit der rechten, in der ich die 08 hielt streckte ich den Kommandanten mit einem Kopfschuß nieder und schoß die restlichen Schüsse in das Innere des Tanks bis das Magazin leer war. Ich hob die geballte Ladung auf, zog mit den Zähnen an der Zündschnur und schleuderte sie in den Panzer. Danach knallte ich noch schnell das Turmlug zu, hechtete mich vom Panzer und robbte in die nächst beste Deckung und wartete auf die Detonation. Diese ließ auch nicht lange auf sich warten und ein fürchterlicher Knall kündete vom Ende dieses Panzers. Ich stand auf und lief mit wackligen Beinen zum Graben und ließ mich schnell reinrutschen. Kaum angekommen gab es eine weitere Explosion und ich sah, daß der Russenpanzer förmlich auseinander gerissen wurde. Wahrscheinlich ging die Munition im inneren hoch. Ich lies mich auf den Grabenboden fallen um nicht von herumfliegenden Stahlteilen erwischt zu werden.

Als ich wieder einigermaßen klar war blickte ich in eine Menge strahlender Gesichter. Sie alle waren froh den schrecklichen Tod durch den Sowjetpanzer noch einmal entronnen zu sein.

Ein schon etwas älterer Oberschnapser sagte zu mir „Mensch Herr Feldwebel das war ja ein Ding von ihnen. Ich hatte schon gedacht, wir hätten unsere letzte Messe gesungen. Ich hatte echt Mühe wenigstens ein paar dieser alten Krieger vom Volkssturm einigermaßen im Graben zu halten und sie dazu zu bringen nach beiden Seiten auszuweichen." Noch etwas benommen antwortete ich nur „ Ja schon gut, aber jetzt wieder in Stellung und den Iwan Zunder geben und aufgepaßt." Mit diesen Worten hatte ich mich dann auch wieder los gemacht. In meiner Stellung angekommen sah ich, dass Friedrich bereits hinter dem MG stand und auf dem Gegner feuerte. Ohne ein Wort zu wechseln, hockte ich mich neben dem Maschinengewehr und achtete auf die Gurtzufuhr. Um am MG zu wechseln war keine Zeit den es brandete schon wieder eine neue Sturmflut aus Sowjetsoldaten auf uns zu. Diesmal mußte ich Gurte neu einlegen und heiß geschossene Läufe wechseln, dazu gab ich Friedrich einige Zielanweisungen und befehle für kurze oder lange Feuerstöße.

Vor unserem Feuerbereich schien der Angriff nach einer Weile merklich schwächer zu werden. Wir nutzen die Gelegenheit zum Wechseln, ich klopfte Friedrich anerkennend auf die Schulter, denn er hatte seine Sache wirklich sehr gut gemacht. Sein leichtes Grinsen zeigte seine Erleichterung. Nach einigen Minuten merkten wir, das der Angriff vor unserer Stellung tatsächlich fast vollkommen zusammengebrochen war den wir fanden kaum noch lohnende Ziele für das MG.

Dafür verlagerte sich der Kampf anscheinend auf unsere linke Flanke, denn von dort drang immer stärkerer Kampflärm zu uns herüber und der Feind konzentrierte seine Aktivitäten immer mehr dort.

Plötzlich kam ein Melder zu uns in die Stellung und rief „Befehl vom Herrn Leutnant. Der Feind ist beim 3. Zug eingebrochen und hat diesen fast aufgerieben. Jeder freie Mann soll sich beim Gefechtsstand melden." Kaum ausgesprochen lief er schon wieder weiter. Friedrich schaute mich mit schreckgeweiteten Augen an und sagte „Herr Feldwebel das ist doch bei Otto in der Stellung! Ich muß dort hin. Sie kommen doch bestimmt auch allein hier zu Recht oder?" Ich antwortete „Bleib ruhig wir gehen beide. Los schnell bau das MG ab und schnapp dir so viele Handgranaten wie du kannst." Ich hing mir mein 42iger um, legte ein neuen Gurt ein, nachdem ich das Vorfeld noch einmal abgestreut hatte und lud meine 08 durch, denn ein Maschinengewehr ist im Nah- und Grabenkampf recht ungeeignet.

Also rannten wir zum Gefechtsstand. Unterwegs mußten wir mehrere Hindernisse durch teilweise oder komplett eingestürzte Grabenstücke über- winden. Auch sahen wir mehrere Tote und Ver- wundete, doch unsere Sanis kümmerten sich be- reits um sie. Wir gaben unsere Verbandspäckchen ab, denn deren Verbandsmaterial wurde bereits knapp und sie baten uns darum.

Am Gefechtsstand angekommen sahen wir den Leutnant mit verschwitzten, dreckigem Gesicht und dreckiger Uniform mit einigen Männern ste- hen und besprach sich mit ihnen. Er machte auf mich auf einmal einen ganz anderen Eindruck. Er scheute sich anscheinend auch nicht davor, selbst in den Kampf einzugreifen. „Na ja abwarten ob er etwas ruhiger und umgänglicher Geworden ist. Die Front formt ja schließlich die Männer." Dachte ich mir. Nach einer kurzen Wartezeit sagte er schließlich „Also folgende Situation. Der Iwan ist in die Stellung des 3. Zuges mit Hilfe starker Pan- zerkräfte eingebrochen. Nach meiner Kenntnis sind die Panzer weiter in unser Hinterland vorge- drungen und werden dort bekämpft. Diese haben uns also nicht zu interessieren. Die Infanterie hat sich jedoch in den Stellungen des 3. Zuges festge- setzt um nachfolgenden Truppen den Einbruch und die Erweiterung des Einbruchs zu erleichtern. Er muß so schnell wie möglich wieder hinausge- worfen werden bevor er dort zu stark wird. Ich war bereits einmal mit dem Kompanietrupp vorgedrungen, wurde aber abgeschlagen, also müssen wir es jetzt zusammen versuchen. Wer keine Handgranaten hat holt sich welche." und zeigte in den Gefechtsstand. Fünf Mann gingen hinein. „Sie Feldwebel holen sich besser einige MG- Trommeln, die sind doch hier im Grabenkampf besser zu handhaben, oder?" Ich nickte und holte mir zwei und reichte Friedrich ebenfalls eine. Als ich wieder zur Bereitstellung trat fragte Leutnant Schütz in die Runde „Also alles bereit?" Als keine Fragen mehr kamen meinte er weiter „Gut Feldwebel wir beide und der Kompanietruppführer gehen vor." In diesem Moment kam ein Funker aus dem Gefechtsstand und sagte „Herr Leutnant, Meldung vom Herrn Hauptmann, die Nachbarkompanie tritt in zwei Minuten ebenfalls zum Gegenstoß an. Wir können sie also in die Zange nehmen. Kennwort: Wotan!. Erkennungssignal: einmal Grün schießen. Feind muß unter allen Umständen hinausgeworfen werden!" der Leutnant antwortete „Also gut Männer wie gehabt. Jetzt werden wir es schaffen. Auf los geht's los. Los!"

Und schon setzten wir uns in Bewegung, voraus der Leutnant, ich und der Kompanietruppführer.


*


„Achtung Handgranate!" schrie der Kompanietruppführer Oberfeldwebel Geiger als er im gleichen Moment die Eierhandgranate mit einem kräftigen Fußtritt weg stieß. Als die Explosion der

Granate verklungen war hörten wir die Schreie der Sowjetsoldaten die von der Explosion ihrer eigenen Granate überrascht wurden.

Der Truppführer blickte schnell um die Ecke, ob sich dort noch ein kampffähiger Gegner befand und spritzte blitzschnell um die Ecke,wir immer hinterher. Plötzlich rannte eine Gruppe Russen um die nächste Grabenecke genau auf uns zu. Ich sprang nach vorn und eröffnete augenblicklich das Feuer. Die ersten Männer der Gruppe wurden sofort niedergestreckt der Rest rannte wieder zurück und verschanzte sich hinter der Biegung. Sie warfen eine Handgranate nach der anderen und wir kamen nicht an sie ran. „So wird das nichts Leute." sprach der Leutnant. „Also der Kompanietrupp und die Gruppe Steinmetz machen je eine Handgranate klar. Die Leute vom Kompanietrupp versuchen sie über den Graben hinter die Ecke zu bekommen, die Gruppe Steinmetz wirft sie vor die Ecke und sie Feldwebel" und zeigte dabei auf mich „Sie feuern Richtung Feind und nageln ihn so fest! Sofort nach der Detonation wird gestürmt um die Verwirrung des Gegners auszunutzen. Auf drei wird geworfen. Eins, zwei und drei!" Acht Handgranaten flogen vor die Ecke hinter der sich die gegnerischen  Soldaten versteckt hielten und mindestens neun fielen hinter ihnen und ich feuerte was das MG hergab. Nachdem die mächtigen Schläge der vielen Handgranaten ertönten stürmten wir vor, denn die feindlichen Soldaten sollten sich nicht erst wieder erholen können, voran der Oberfeld. Als wir um die Ecke waren sahen wir, daß unsere Sorge, daß die

Sowjets sich hier nochmals erholen könnten mehr als unbegründet war. Es bot sich uns ein Bild des Grauens. Die Granaten die hinter der Gruppe landeten reichten um diese in Klumpen blutigen Fleisches zu verwandeln. Ein Gefühl von Ekel kam in mir auf und ich hatte Mühe den Würgereiz zu unterdrücken. Schnell wand ich mich von dieser schrecklichen Szenerie ab und stürmte weiter voran. Auf dem Weg sahen wir viele gefallene Soldaten. Deutsch und Russen.. Doch sahen wir auch das es sehr viele deutsche Soldaten erwischt haben muss als sie sich im Nahkampf befanden den sie alle zeigten die dafür typischen Verletzungen, Hieb- und Stichwunden und in der Mehrzahl waren es die alten Volkssturmmänner. Was konnte den auch ein 60- 70 Jahre alter Mann im Nahkampf gegen einen Jungen trainierten 20 oder 30 jährigen Soldaten ausrichten? Die Hitlerjungen hatten da wenigstens noch ihre Schnelligkeit und Beweglichkeit entgegenzusetzen um dem schlimmsten zu entkommen. Je weiter wir vorrückten desto mehr Sowjets kamen uns entgegen. Manchmal einzeln, manchmal in Gruppen. Aber es kam merkwürdigerweise nicht zu einem Koordinierten Widerstand, jedenfalls noch nicht denn es könnte nur eine Frage der Zeit sein bis dies passieren würde. Als wir einige Zeit unangefochten im Graben vorrücken konnten überraschte wir eine ungefähr zehn Mann starke Gruppe und eröffneten das Feuer wobei die Feinde zu keiner Gegenwehr mehr imstande waren. Jedenfalls dachten wir das den als wir weiter vorstießen und die Gruppe schon hinter uns hatten eröffneten zwei

Sowjets in unserem Rücken das Feuer und töteten vier von uns und verwundeten weitere drei. Es dauerte nicht lange diese Heimtückischen Russen nieder zu kämpfen doch waren die durch sie erlittenen Verluste schmerzhaft. Doch es ging weiter und wir hörten bereits von der anderen Seite Kampfgeräusche und wir nahmen an das es die Nachbarkompanie war. Diese Erkenntnis spornte uns nun noch mehr an und wir setzten zum letzten Stoß an. Die Russen schienen nicht stark genug zu sein um einen Flankiert angesetzten Gegenstoß auffangen zu können und bevor sie es wurden wollten wir wieder Herr der Lage sein. Als wir an einen Unterstand vorbei kamen, der vielleicht der Befehlsstand des Zugführers gewesen war, stürmten plötzlich mindestens zwanzig Sowjets heraus. Wir konnten noch kurz das Feuer eröffnen doch dann begann auch schon der Nahkampf. Ich konnte den Schlag eines Russen mit einem Feldspaten im letzten Moment mit meinem MG abwehren und meinerseits einen Schlag mit dem Kolben meines MGs landen. Der Sowjetsoldat ging zu Boden und ich schlug nochmals mit dem MG zu, so das er außer Gefecht gesetzt wurde, sah mich gleich danach einem weiteren Gegner gegenüber. Er stürmte mit Gewehr und aufgepflanztem Bajonett auf mich zu. Ich warf ihm mein, durch den Spatenschlag nun unbrauchbar gewordenes MG entgegen, was ihm verwirrte und mir genügend Zeit gab meine Pistole zu ziehen und auch diesem Gegner niederzustrecken. Ich drehte mich um, da ich hinter mir laute Hilfeschreie hörte und sah wie ein Baumlanger Iwan

gerade ausholen wollte um einem am Boden liegenden Kameraden den Rest zu geben. Ich legte
an und schoß ihm im letzten Moment in den Hinterkopf. Er sackte, wie vom Blitz getroffen zusammen und viel auf dem immer noch am Boden kauernden und auf sein Ende wartenden Kameraden.
Plötzlich merkte ich einen harten Schlag in meinen Rücken, taumelte ein paar Schritte vor und
ging dann vor Schmerzen in die Knie. Merkte
dann mit einem leichten Schleier vor den Augen,
dass sich zwei Hände um meinen Hals legten und
mir die Luft nahm. Ich merkte, dass mir langsam
schwarz vor den Augen wurde, doch kurz bevor
ich endgültig das Bewußtsein verlor lockerte sich
der Griff plötzlich. Ich  wusste nicht wieso und
das war mir in diesem Augenblick auch egal. Als
ich dann wieder voll zu mir gekommen war, sah
ich einen russischen Soldaten neben mir liegen,
die glasigen leeren Augen weit aufgerissen und an
seiner Schläfe lief ein dünner Blutfaden entlang.
Ich schaute mich verwirrt um und sah neben mir
einen Kameraden der zu mir sagte „Na alles klar
bei dir? Bloß gut das ich den Kerl noch erwischt
habe. Der hätte dich sonst sicher fertiggemacht.“
Und zeigte dabei auf den toten Russen. Der Nahkampf neigte sich langsam zu unseren Gunsten
doch im Getümmel hatte ich Friedrich aus den
Augen verloren und hoffte daß ihm nichts passiert
war.
Wir drängten die Sowjets immer weiter zurück
bis sie dann endlich die Flucht ergriffen, denn er-
geben kam für sie scheinbar nicht in Frage. Wir
schickten ihnen noch ein paar Schüsse nach und

trafen noch drei Mann. Leutnant Schütz befahl zwei Mann in den Gefechtsstand zu schauen ob sich dort noch jemand aufhielt. Gerade als die zwei Soldaten los wollten schrie jemand „Achtung ein neuer Angriff vom Iwan! Und deutete ins Vorfeld. Von dort hatte sich von uns unbemerkt eine Menge Feindlicher Soldaten heran gearbeitet und war schon fast vor dem Graben. Nun erst erkannten wir, das an der ganzen Kompaniebreite der Kampf wieder stärker aufgeflammt war. Die zwei Soldaten machten sich schnell aber immer Vorsicht walten lassend, in den Unterstand und einer kam nach kürzester Zeit wieder heraus und meldete das mehrere Kameraden vom 3. Zug dort gefesselt und geknebelt lagen und lief wieder zurück um sie los zu machen.

Wir hatten in der Zwischenzeit den Feuerkampf mit den heranrückenden Iwans aufgenommen. Ich hatte mir eine russische Mpi  besorgt die hier in der Nähe herum lag und eröffnete ebenfalls das Feuer. Die zwei Soldaten im Unterstand befreiten die Kameraden und kamen gemeinsam mit ihnen heraus. Nachdem jeder von ihnen eine neue Waffe gefunden hatte beteiligten sie sich am Kampf. Der Feind rückte trotz heftiger Abwehr unsererseits immer näher. Schon war er auf Handgranatenwurfweite heran. Diese flogen auch hinüber und herüber. Mehrere Kameraden wurden getroffen und blieben für immer stumm liegen Ich schleuderte einer Gruppe Sowjets, die gerade in unseren Graben eindringen wollte eine Geballte Ladung entgegen und bereitete ihr damit ein schnelles aber schreckliches Ende und wir hatten für kurze

Zeit wieder etwas Luft. Zu allem Überfluß kamen nun auch wieder Russen aus dem Graben heran und drückten in unsere linke Flanke. Es kostete einige Mühe sie einigermaßen auf Abstand zu halten. Doch nach kurzer Zeit war klar, dass wir diese Stellung wohl nicht halten werden können und Leutnant Schütz gab mit reichlich Verbitterung in der Stimme den Befehl „Absetzen nach rechts, aus dem Schußbereich der Waffen bis zum Kompaniegefechtsstand und dann ab nach Rückwärts. Dort soll noch eine Auffanglinie sein. Aber zuvor noch einmal ein geschlossener Handgranatenwurf nach vor und links. Jeder sucht sein Ziel selbständig. Achtung! Wurf Jetzt!" Danach setzten wir uns nach rechts ab, immer wieder nach vorn Feuernd und nach hinten sichernd. Inzwischen hatte ich auch Friedrich wieder gefunden Er hatte zwar einen Streifschuß an der linken Schulter abbekommen, war aber sonst unverletzt. Wir kamen also am Gefechtstand an und bildeten hier noch einmal eine Riegelstellung. Der Leutnant rannte hinein und befahl den Nachrichtenmännern zum Bataillon zu funken, das wir uns absetzen müssen und danach abzubauen und sich abzusetzen. Ein Melder wurde los geschickt um den Befehl an die anderen Züge weiter zu geben. Schnell wurden auch noch einige Papiere zusammen gepackt oder vernichtet. Gerade als der Druck des Feindes zu stark zu werden drohte, setzten auch wir uns dann ab. Ausweichend versuchten wir uns vom Fein zu lösen und waren froh das der Gegner hier im Augenblick keine Panzer einsetzte.

*

Wir konnten den Gegner nicht an der ersten Auffangstellung aufhalten und mussten weiter zurück doch dann waren wir wieder in einer richtig ausgebauten Stellung. Dort konnten wir den Iwan stoppen und mit einer Eingreifreserve sogar erst mal etwas zurück drängen.

Er versuchte danach zwar den ganzen restlichen Tag mit mehr oder weniger starken Angriffen uns auch aus dieser Stellung zu vertreiben doch dies gelang ihm nicht. Als die Angriffe der Sowjets dann allmählich in Störaktionen übergingen, konnten wir uns erst einmal wieder sammeln und unsere Eiserne Rationen genießen, denn den ganzen Tag über konnte kein Essen nach vorn gebracht werden und wir hatten auch gar keine Gelegenheit dazu etwas zu essen. Als Fazit dieses ersten Tages war zu sehen das die Deutsche Front circa 8 Kilometer zurück genommen werden musste, es aber keinen taktischen Durchbruch des Feindes gab. Dort wo einzelne Feindgruppen durchgebrochen waren, konnten sie durch Eingreifreserven vernichtet werden. Die erst vor kurzem aufgestellten Panzerdivisionen Clausewitz und Müncheberg hatten daran beträchtlichen Anteil.

In der Auffangstellung hatten sich auch noch einige Kameraden vom 3. Zug angefunden die auf teils recht Abenteuerlichen Wegen dorthin kamen und mit uns dann in die neue Stellung zurückgingen. Da der Zugführer gefallen war und ich auch sonst der Ranghöchste freie Soldat war, sollte ich den 3. Zug, oder das was noch davon übrig war, übernehmen. Natürlich blieb Friedrich an meiner Seite, doch sein Freund Otto Kania galt seit diesem Tage als Vermißt, denn er war nirgends zu finden und wir mussten damit rechnen, das es ihn erwischt hatte. Dieser Verlust traf Friedrich natürlich sehr hart. Doch war es nicht die richtige Zeit um lange zu trauern. Ich schaute mir meinen Zug dann erst einmal an und stellte fest das es sich eigentlich nur noch um bestenfalls zwei verstärkte Gruppen handelte, wenn überhaupt. Ich schaute als erstes was vom Zugtrupp noch übrig war und das war leider nicht viel. Ich hatte noch zwei Melder und einen Funker ohne Funkgerät, Also wurde dieser kurzerhand auch zum Melder umfunktioniert bis es eventuell wieder ein Funkgerät gab. Einen stellvertretenden Zugführer hatte ich auch noch nicht. Also erkundigte ich mich erst einmal wer den der nächst Ranghöhere Soldat sei. Es stellte sich heraus das es auch ein Feldwebel war. Dieser war aber für diese Aufgabe gänzlich ungeeignet denn er sagte selber aus, das er zwar schon lange Soldat sei aber auch schon fast so lange kaum mehr eine Waffe in der Hand gehabt hätte. Er sei immer nur in Rückwärtigen Stäben eingesetzt gewesen und da waren andere Dinge angeblich viel wichtiger. Er war wohl selbst nicht sehr glücklich über sein jetziges Los, mitten im dichtesten Kampfgetümmel zu stecken anstatt irgendwo im sicheren Hinterland. Ein lang gedienter Feldwebel ohne Kampferfahrung war für mich ein

schockierendes Erlebnis, für mich stand immer
außer Frage an der Front zu stehen, bei den mir
anvertrauten Männern und ich hatte angenom-
men das das Personal in den Stäben und im Troß
sich  wenigstens ein wenig auf dem laufenden
hielten aber dieser Mann wusste weder mit einer
Panzerfaust, einer MPi 40, einem Sturmgewehr 44
geschweige denn einer Panzerschreck oder einem
Karabiner 43 richtig umzugehen. Er klebte förmlich an seinem Karabiner K98, doch mit diesem
Schießprügel konnte man doch im Jahre 1945
nichts mehr anfangen. Er hatte genauso wenig
Kampfwert wie die dem Volkssturm zugeteilten
Waffen, doch diese waren ja froh wenn sie überhaupt Waffen bekamen. Der K 98 war zu unhand-
lich, faste zu wenig Munition und hatte dadurch
eine zu geringe Schussfolge. Eigentlich sollte er
längst ausgemustert werden, doch die anhalten-
den und sich immer mehr verschärfenden Nach-
schubprobleme zusammen mit den immensen
Verlusten an der Front verhinderten dies.

Doch dieser alte Feldwebel ließ sich auch nicht
eines Besseren belehren und weigerte sich standhaft erstens diesen K98 abzulegen und zweitens
sich eine neue und bessere Waffe zuzulegen, denn
Wundersamer weise hatten wir ein befriedigen-
des Maß an relativ modernen deutschen Waffen
oder auch hochwertige russische Beutewaffen wie
zum Beispiel einige PPSh 41 oder auch PPS 43.
Dieser Kerl war als mein eventueller Stellvertreter
und meiner Ansicht nach auch nur als Gruppenführer gänzlich ungeeignet. Aber was sollte man
tun? Ich setzte ihn trotz allem als Gruppenführer

ein, stellte ihm aber einen erfahrenen Obergefreiten zur Seite, einen der wenigen erfahrenen Soldaten die mir zur Verfügung standen. Wenn ich daran dachte, das er auch einen Zug hätte befehligen
können aber mit sehr hoher Wahrscheinlichkeit
mit einer Gruppe schon überfordert war, wurde
mir schlecht. Ich wies diesem Feldwebel freundlich aber dennoch bestimmt daraufhin das er sich
in kritischen Situationen auf jedem Fall von dem
ihm zur Seite stehenden Oberschnapser beraten
lassen solle und diese Ratschläge auch berücksichtigen müsse. Die Frage meines Stellvertreters
musste erst einmal warten denn sie schien mir
nicht sonderlich dringend und konnte durchaus
erst einmal vernachlässigt werden. Als ich meine
Gruppen einigermaßen zusammengestellt und
für so ziemlich alle Eventualitäten eingewiesen
hatte ging ich mit einem Melder zum Kompaniegefechtsstand. Die ganze Nacht über war es an unserem Frontabschnitt relativ ruhig und so sah ich
in meinem Vorhaben keine allzu große Gefahr. Ich
machte mich also auf dem Weg und unterhielt
mich mit dem Melder über Gott und die Welt. Im
Gefechtsstand angekommen wurde ich auch
gleich von Leutnant Schütz ungewöhnlich freundlich und Herzlich mit den Worten „Ach der Herr
Feldwebel. Na haben sie ihren Zug in den Griff bekommen? Gab es irgendwelche Schwierigkeiten?
Ach übrigens die Feldküche ist auch endlich angekommen, wollte gerade einen Melder zu ihnen
schicken." begrüßt. Ich wies meinen Melder sofort
an sich sein Kochgeschirr und seine Feldflasche
voll machen zu lassen, dann zurück zum Zug zu

laufen und den Gruppenführern zu sagen das sie jemanden mit den Kochgeschirren und Feldflaschen her schicken sollen, das gleiche sollte der Funker  für den Zugtrupp machen.  Danach wandte ich mich dem Leutnant zu und erwiderte „Jawoll Herr Leutnant.Alles soweit prima, doch bräuchte ich noch ein paar Mann Ersatz. Mit den wenigen mir zur Verfügung stehenden Männern konnte ich gerade einmal zwei  verstärkte Gruppen und eine kleine Eingreifreserve aufstellen und ich habe kaum Erfahrene Männer aber das Problem ist bestimmt allgegenwärtig." . Darauf antwortete dieser „Na ja  mit Ersatz und dann auch noch mit Erfahrung kann ich ihnen leider nicht dienen. Den hätte ich ja auch gern. Das einzige was ich ihnen geben kann wäre ein Granatwerfer-Trupp. Damit wäre ihnen bestimmt geholfen oder?" mit einem leichten Lächeln auf dem Gesicht sagte ich „Und ob mir damit geholfen wäre, sie wissen gar nicht wie sehr." Danach meinte Schütz „Und morgen gegen Mittag werden wir übrigens sowieso abgelöst. Die genaue Zeit wird mir noch mitgeteilt und ihnen dann umgehend bekanntgegeben. Es soll wohl ein reguläres Infanteriebataillon in unsere Stellungen einrücken. Unser Alarmbataillon wird dann entweder aufgelöst oder was ich eher annehme, als Eingreifreserve zurück genommen. Nun ja das paßt ja aber auch besser zu uns als an vorderster Front zu stehen!" da dachte ich mir „Nun ja das stimmt wohl angesichts der vielen unerfahrenen Hitlerjungen und alten Volkssturmleuten. Aber währen die paar alten Frontschweine die in unseren Reihen sind, nicht besser bei den Regulären Truppen aufgehoben und nicht hier bei einem zusammen gewürfelten Alarmhaufen? Na ja man wird sehen was die Zukunft bringen wird." Gut das ich es nicht wusste.

Nach diesem Gespräch ging ich wieder zurück in meinen Gefechtsstand, diesmal allein denn der Melder war anscheinend gleich im Gefechtsstand geblieben. Mittlerweile war es dunkel geworden und die Front wurde nur hin und wieder durch Leuchtgranaten hüben und drüben erhellt. Die russische Artillerie schossen Störfeuer um uns nicht zur Ruhe kommen zu lassen. Auch waren Anscheinend mehrere Stoß- oder Spähtrupps unterwegs, denn es waren zwischen dem Artilleriefeuer immer wieder Gewehr- und Maschinengewehrfeuer sowie Handgranatenexplosionen zu hören. Vielleicht waren auch einige Trupps durch unsere Front gesickert, doch hatte ich wenig Lust dies in Erfahrung bringen zu müssen und ließ es bei meinen Gedankengängen.

Als ich wieder in meinem Zugabschnitt war ging ich die Stellungen ab und sprach hin und wieder mit einigen Soldaten. Bei einem Gespräch mit einem Unteroffizier zog mich dieser etwas zur Seite und er meinte „Jetzt mal ehrlich Herr Feldwebel, meinen sie, dass das hier alles noch einen Sinn hat? Ich meine wir haben den Iwans doch kaum noch etwas entgegen zu setzten." ich schaute ihn an und erwiderte „ Mein lieber Herr Unteroffizier das was sie gerade von sich gaben, würde allemal genügen um sie auch ohne Kriegsgericht erschießen zu lassen! Sie sind sich doch sicher bewusst, dass ich sie eigentlich melden muss! Das ist ja Wehrkraftzersetzung der schlimmsten Art. " dieser antwortete mir trocken „Ja das weiß ich wohl, doch schätze ich sie gar nicht so ein und meine Menschenkenntnis hatte mich bis jetzt noch nie getäuscht! Und Wehrkraftzersetzung ist das nicht, das ist einfach nur die Wahrheit!" und grinste dabei. Da wusste ich irgendwie, dass ich mit diesem Unteroffizier offen und ehrlich reden konnte und das war in dieser Zeit Gold wert. Ich sprach zu ihm „Unteroffizier ich sage ihnen ganz ehrlich was ich denke, ich denke das dieser Krieg schon lange Verloren ist, er war es spätestens nach Stalingrad, denn bis dort hatten wir noch alle Trümpfe in der Hand und wir hätten vielleicht zu einem für alle Beteiligten Parteien erträglichen Frieden kommen können. Jetzt ist dies nicht mehr möglich, denn der Feind will uns total Vernichten und er weiß das er es kann, denn schließlich steht er an allen Fronten tief in unserer Heimat, also wird er sich auf keine Kompromisse mehr einlassen. Aber ich werde bis zum letzten Atemzug weiter kämpfen um so vielen Menschen die Flucht nach Westen zu ermöglichen. Die Amis, Franzosen und Engländer mögen auch keine Heiligen sein doch allemal besser als das diese armen Teufel den Russen in die Hände fallen! Jeder Tag den wir hier die Front halten, ermöglicht Hunderten ja sogar Tausenden dieser armen Menschen die Flucht. Dafür stehe ich hier und kämpfe!" der Unteroffizier schaute mich mit einem verschmitzten Lächeln an und meinte „Gut Herr Feldwebel genau das wollte ich hören und genau das hatte ich mir bei ihnen gedacht. Demnach sind wir ja einer Meinung, denn genau das ist auch meine Motivation hier in dieser verdammten Hölle immer noch standhaft zu sein. Sie sind also ein Truppenführer der uns nicht wegen irgendwelchen Orden oder falschem Pathos kurz vor Ladenschluß verheizen will." ich lächelte zurück und sagte „Ne, da können sie sich drauf verlassen. Wie heißen sie den eigentlich? Ich habe vor sie zu meinem Stellvertretenden Zugführer zu machen aber keine Angst ihre Gruppe können sie trotzdem behalten, wir haben eh zu wenig Männer." Darauf gab der Unteroffizier zurück „ Ach du Schreck. Das ist ja eine unverhoffte Ehre. Ich heiße Zimmler, Unteroffizier Herbert Zimmler." „Gut Unteroffizier Zimmler also ich sehe wir verstehen uns." Sagte ich und wir beide lachten wobei uns die restlichen Männer in der Stellung nur fragend ansahen, da sie das Gespräch nicht mitgehört hatten. „Ach und übrigens kommt in nächster Zeit ein Granatwerfer-Trupp zu uns, schickt die Kameraden zu mir in den Unterstand und paßt mir genau auf das sich kein feindlicher Stoßtrupp im Schutz des Arie-Feuers an unsere Stellung ran pirscht." sagte ich zu den Versammelten Männern und verabschiedete mich mit den Worten „Und last euch euer Essen schmecken wenn es angekommen ist." und ging zurück zum Gefechtsstand.

Die Nacht verlief relativ ruhig, gemessen an den Ereignissen des Vortages. In der Nacht kam dann auch der versprochene Granatwerfer-Trupp. Ich behielt ihn bei mir um ihn dann Schwerpunktmäßig einsetzen zu können. Früh am Morgen ging es dann aber wieder los, Stundenlanges Artilleriefeuer gefolgt von massiven Infanterie- und Panzerangriffen. Wir schlugen die Angriffe zurück, gingen die Panzer mit Nahkampfmittel und Panzerfäusten an und vernichteten eine nicht geringe Anzahl von ihnen. Der Grantwerfer-Trupp war tatsächlich eine nicht zu unterschätzende Verstärkung und half mir mehrmals einige Krisen zu meistern. Doch trotz unseres Abwehrfeuers und denn immer wieder durchgeführten Gegenangriffen um den eingebrochenen Gegner wieder aus unseren Stellungen zu werfen, mussten wir langsam aber sicher immer weiter zurück in rückwärtige Stellungen der 2. Verteidigungslinie. Gegen Mittag kam dann ein Melder von der Kompanie mit der Meldung das wir gegen 17 Uhr abgelöst werden und uns als Eingreifreserve im Rückwärtigen Raum sammeln sollen, wo genau wisse er nicht aber wir würden wohl eingewiesen werden. Die jetzige Stellung sei aber auf jedem Fall zu halten. „Na prima." dachte ich mir „Also noch mindestens fünf Stunden halten. In fünf Stunden kam eine Menge passieren."

Die Sowjets griffen beinahe pausenlos an. Ihre Reserven an Menschen und Material schien unbegrenzt zu sein doch auch die Angriffskraft der Russen müsse doch irgendwann einmal erschöpft sein, aber es kamen immer wieder Wellen von Panzern und Infanterie, ständig griffen uns Schlachtflieger an und schmissen Horizontalbomber ihre Bomben auf unsere Stellungen, damit danach wieder neue Wellen von Panzern und Infanterie versuchen konnten unsere Linien zu durchbrechen immer begleitet vom Rauschen der Artillleriegranaten und vom infernalischen Zischen der Stalinorgeln.

Irgendwann kündigte sich dann ein Oberfeldwebel der Infanterie an um unsere Stellungen zu übernehmen. Wir klärten alle Einzelheiten ab und ich schickte meine Melder los um meine zwei Gruppen, oder das was noch von ihnen übrig war zu benachrichtigen. Friedrich der die ganze Zeit über kaum von meiner Seite wich, schickte ich zum Gefechtsstand um dort schon einmal alles vorzubereiten.

Wir warteten eine der seltenen Pausen zwischen den Angriffen ab und die Ablösung klappte ohne große Schwierigkeiten und es geschah auch nicht das was ich innerlich in der ganzen Zeit befürchtet hatte, nämlich das der Iwan unsere Ablösung spitz bekam und in diese Aktion einen Angriff legen würde, denn dies hätte mit sehr hoher Wahrscheinlichkeit mit einem Durcheinander ohnesgleichen geendet. Ich hätte diesen Haufen unerfahrener Männer mit den paar mir zur Verfügung stehenden erfahrenen Soldaten keinesfalls zum Stehen gebracht. Aber dies geschah ja glücklicherweise nicht und so gingen wir in einigermaßen straffer Ordnung unserem neuen Ziel entgegen, was da hieß rückwärtiger Raum um als Eingreifreserve zu fungieren.


*

Nach längerem hin und her fanden wir den Versammlungsraum. Es war ein kleines Dorf. Die wenigen Einwohner waren anscheinend alles schon weg. Wenigsten diese Sorge um diese armen Menschen hatten wir nicht. Ich schickte meinen Stellvertreter los um irgendwelche Unterkünfte und Verpflegung aufzutreiben und stellte dem Unteroffizier den alten Feldwebel zur Seite der die Kämpfe bis jetzt recht gut überstanden hatte, den dieser hatte in solchen Angelegenheiten Erfahrung und schickte den beiden auch Friedrich mit, den ich musste zu einer Besprechung des Bataillonskommandeurs bei der alle Kompanie- sowie Zugführer zugegen sein sollten und da konnte er nicht mit und vielleicht half den beiden alten Kriegern sein jugendlicher Charme bei ihren Aufgaben.

Bei der Besprechung angekommen sah ich das erste mal unseren Kommandeur, einen schon grauhaarigen, gesetzten und kraftlos wirkenden älteren Herren. Ihm zur Seite sein Ia, ein junger vor Motivation und Tatendrang fast übersprudelnder Leutnant.

Nach einigem Suchen sah ich dann auch meinen Kompanieführer und die anderen Zugführer und gesellte mich zu ihnen. Nachdem Leutnant Schütz jedem eine Zigarette angeboten hatte und wir über die und das redeten, fing der Kommandeur an. Er redete über Allgemeinheiten, über den momentanen Frontverlauf, der auch durch unsere tatkräftige Hilfe so gut da stand, sagte das der Führer vollstes Vertrauen in unsere Standfestigkeit hätte und das das ganze Volk auf seine Tapferen Ostfrontkämpfer vertraue. Glaubte er es selbst? Ich wusste es nicht einzuschätzen. Nachdem er noch ein paar wie hohle Propaganda wirkende Sätze los ließ, übergab er das Wort an seinen Ia, dieser wollte erst einmal eine genaue Auflistung aller Kompanien und Züge haben und nachdem wir diese einigermaßen zusammen hatten begann er mit markigen Worten eine neue Einteilung der Kompanien und Züge.

Nun ja das war für mich nicht weiter von Bedeutung, außer das ich den mir zugeteilten Granatwerfer-Trupp wieder an die Kompanie abgeben musste, was mir eigentlich gar nicht paßte, den nun stand ich mit einem Zug, der da aus zwei, durch die letzten Kampfhandlungen nur noch schwache Gruppen bestand und den zwei Meldern, mir selbst und Friedrich. Mit diesem wenigen Männern war nicht mehr viel Staat zu machen. Nachdem dann alles soweit besprochen war und der Stellvertreter des Hauptmanns fragte, ob noch irgendwelche Fragen oder Einwände seihen, brachte ich dieses Problem zur Sprache. Das leise Gemurmel der restlichen anwesenden zeigte mir, das ich nicht der einzige war der diese Probleme hatte. Die Antwort war niederschmetternd und ernüchternd zugleich, denn der Ia sagte „Was ihnen an Mannschaftsstärke fehlt, müssen sie durch Tatkraft, Glaube an den Endsieg und Entschlossenheit weg machen!" damit war für ihn das Thema erledigt und wir wurden entlassen. Ich stand da und war fassungslos ob dieser Äußerung, doch irgendwie keineswegs allzu überrascht, denn Reserven waren bekanntlich schon lange knapp.

Als wir dann wieder zu unseren Einheiten zurück gingen sagte Leutnant Schütz zu mir „Was das nun wieder für ein Blödsinn war. Was soll man den mit Tatkraft, Glaube und Entschlossenheit gegen eine Übermacht an Panzern, Artillerie und Soldaten machen?" Diese Aussage des Leutnants war für mich doch recht verwunderlich, doch offenbar hatten ihm die Erlebnisse an der Fron die Augen geöffnet und seine Illusionen geraubt. Zurück bei meinem Zug sah ich, dass alle meine Männer untergekommen waren und ich richtet mich, mit den mir direkt unterstellten Männern in einen kleinen Schuppen ein.Dieser roch nach altem Stroh, Heu und irgendwie muffig. Vor kurzem wurden wohl auch noch Ziegen in einem kleinen Verschlag in der Ecke gehalten, doch entweder nahmen die geflohenen Besitzer sie mit, oder sie kamen auf anderer Arte abhanden.

Es wurde bereits wieder dunkel. Endlich hatten wir wieder einmal etwas Gelegenheit zum Waschen, Essen und schreiben oder Schlaf nachholen. Ich übernahm einen der ersten Wachen und lies meine Männer etwas schlafen. Auf der Wache traf ich dann auch auf Unteroffizier Zimmler. Wir redeten etwas miteinander als er unvermittelt meinte „Herr Feldwebel ich denke das spätestens Morgen der Iwan hier im Dorf sitzt, was meinen sie?" Na ja da haben wir ja auch noch ein Wörtchen mitzureden, Zimmler." Aber eigentlich dachte ich da genauso wie er. Wie recht wir mit dieser Vermutung hatten sollte sich bald herausstellen.

*

Gegen 2 Uhr früh wurde, bis auf unsere Kompanie das ganze Bataillon verlegt. Also konnte sich unsere Kompanie auf das ganze Dörfchen, welches ja eigentlich nur aus ein paar Gehöften bestand verteilen und es war nicht mehr alles so beengt.

Inzwischen wurde ich auch vom Wachdienst abgelöst und kam, nachdem ich meine nun schon kalte Verpflegung zu mir genommen hatte auch mal wieder in den Genuß von ein paar Stunden Schlaf und legte mich zu meinen Männern in den muffigen Schuppen.

Unvermittelt wurde ich plötzlich von einem Kompaniemelder ziemlich unsanft aus dem Schlaf gerissen. Er sagte „Befehl vom Kompanieführer. Alle Zugführer haben sich in fünf Minuten im Kompaniegefechtsstand einzufinden." und verschwand wieder.

Ich stand also zähneknirschend von meinem, als Bett dienenden mit Stroh gefüllten Sack auf, wusch mir mein Gesicht und musste mir dann nur noch das Koppel umschnallen, die Schnürschuhe und den Mantel anziehen, denn ich hatte gleich in Uniform geschlafen. Danach ging ich raus und steckte mir beim gehen noch eine Zigarette an. Auf dem weg zum Gefechtsstand traf ich dann noch den Führer des 1.Zuges und wir bestritten zusammen den restlichen Weg. Auch er war einigermaßen ratlos über diese so kurzfristig einberufene Besprechung und meinte „Wer weiss was nun wieder passiert ist. Vielleicht sollen wir einen

Gegenstoß machen oder einen Durchbruch abriegeln oder es ist gar der Frieden ausgebrochen!" über die letzte Aussage mussten wir beide lachen und ich meinte mit etwas Sarkasmus in der Stimme „ Genießen wir den Krieg, denn der Frieden wird schrecklich sein."

Pünktlich kamen wir beide in das alte Bauernhaus rein, welches nun als Kompaniegefechtsstand diente. Ohne Umschweife und langer Reden kam Leutnant Schütz zur Sache und meinte „Meine Herren der Grund für diese kurzfristig einberufene Besprechung ist der, das der Russe mit einem Panzerverband unbekannter Stärke durch unsere Front gebrochen ist und nach der letzten Meldung auf direktem Weg zu uns ist. Wir sollen ihn hier in diesem Dorf aufhalten und nach Möglichkeiten Restlos zerschlagen. Nun dieses Dorf eignet sich, meiner Meinung nach für diese Aufgabe ausgezeichnet. Was meinen sie das zu Herrschaften?"

Ich dachte mir „Ja da hat er recht. Das Dörfchen hat eigentlich nur eine Straße die breit genug ist um bequem mit Panzern befahren werden zu können, jedoch nicht breit genug um einfach und schnell darauf wenden zu können und sie wurde fast ununterbrochen von Häusern flankiert." Der Zugführer des 1. Zuges meinte „ Was macht sie so sicher das der Iwan auch hier durch das Dorf durchfährt?" darauf erwiderte Schütz „Ganz einfach. Die Aussicht ungestört Plündern zu können. Die Sowjets rechnen, wenn überhaupt dann allenfalls mit sehr geringen Deutschen Widerstand hier hinter der Front und wir werden ihn erst einmal in diesem Glauben lassen. Also ich habe mir das so gedacht, das wir den Verband erst einmal unangefochten ins Dorf fahren lassen. Wenn der Spitzenpanzer ungefähr dreiviertel des Dorfes passiert hat, werde ich eine Rote Leuchtkugel abschießen. Dies ist das Signal für den Granatwerfer-Trupp das Feuer zu eröffnen. Ich hoffe, das dies die Panzer verwirren und ablenken wird und uns genug Zeit gibt uns an die Panzer heran zu machen und sie mit den paar Panzerfäusten die wir noch haben und mit Nahkampfmittel zu vernichten. Über Begleitinfanterie liegen mir ebenfalls keine Informationen vor, sollte jedoch welche mit dabei sein ist das Rote ES ebenfalls das Signal um auch diese zu bekämpfen.

Auf ES Grün wird der Granatwerfer-Trupp das Feuer einstellen um uns nicht zusätzlich zu gefährden.

Einteilung wird wie folgt vorgenommen: 1. Zug übernimmt von uns aus gesehen Dorfmitte linke Seite, 2. Zug riegelt nach Feuereröffnung Dorfeingang ab und bezieht jetzt auf beiden Seiten des Dorfeingangs Stellung, 3. Zug nimmt Dorfmitte rechte Seite. Ich selbst und der Kompanie-Trupp übernehmen den Dorfausgang. Natürlich haben die sie bei der Auswahl der genauen Stellungen freie Hand. Der Granatwerfer-Trupp bezieht außerhalb des Dorfes Stellung. Wenn etwas schiefgehen sollte oder der Feind sich als zu stark erweisen sollte, schieße ich ES doppelt Rot. Das bedeutet selbstständiges Absetzen auf das in Nordwestlicher Richtung gelegene Dorf ungefähr 4 Kilometer von hier und ist auch gleichzeitig das Signal für den Granatwerfer-Trupp zum Speer- und Deckungsfeuer schießen. Noch Fragen, Vorschläge oder Einwände?" als sich niemand zu Wort meldete schaute er auf seine Uhr und sagte „Nach meiner Uhr ist es jetzt genau 5:32 Uhr. Ich rechne mit eintreffen des Verbandes in circa 10-15 Minuten. Na dann auf Posten und Viel Glück."

*

Wir hörten die Panzer schon wenig später. Ihr typisches Gerassel und Gequietsche ging durch Mark und Bein. Vielleicht 50 Meter vor dem Dörfchen hielten die Panzer an. Ein einzelner Tank fuhr dann an und näherte sich langsam dem Dorfeingang. Er sollte wahrscheinlich auskundschaften, ob es Feindbesetzt war. Wahrscheinlich saßen dort Soldaten darin, die sich auf einen Bewährungseinatz befanden und daher die Gefährlichsten Aufträge erhielten, denn ihre Vernichtung war kein Verlust.
Er hielt wieder an und setzte ein Schuß in das erste Haus und feuerte dazu noch eine MG-Garbe hinein. Danach drehte er den Turm und schoß wieder in ein Haus um auf eine eventuelle Reaktion zu warten. „Wenn die Männer nur Ruhig bleiben und nicht die Nerven verlieren." sagte ich zu Friedrich, der wieder dicht neben mir hockte. „Wenn die uns jetzt durch irgendeinen dummen Fehler bemerken können sie uns aus sicherer Entfernung fertig machen und für uns wäre der Ofen endgültig aus." Doch glücklicherweise behielten alle die Nerven, auch als der Russenpanzer mit

seinem Bord- MG die komplette rechte Straßenseite abstreute. Der Panzer stand still aber die restlichen Sowjettanks schlossen nun zu ihm auf und
wir sahen, daß auf keinem von ihnen Infanterie
saß. Ausgefächert konnten sie nicht in das Dorf
hinein, also mußten sie hintereinander fahren und
genau das war ja unser Plan, jedoch genauso wie
es bei jedem Plan zu unvorhergesehenen Dingen
kommen kann so kam es auch hier. Fünf der insgesamt sechs Panzer fuhren schön hintereinander
auf der Straße in das Dörfchen. Einer von ihnen
jedoch fuhr links am Dorf vorbei und dieser konnte nun zum Unkalkulierbaren Risiko werden und
musste so schnell wie möglich ausgeschaltet werden. Ich schnappte mir eine Panzerfaust und
schlich mich leise, so als ob die Panzerbesatzungen mich hören könnten und geduckt vom Wohnzimmer, in dem wir alle auf die Feuereröffnung
warteten und uns jetzt als Schutz dienenden Hauses in den Flur und von da in die Küche, den dort
wusste ich eine Hintertür. Mir fiel der ungeordnete Hausrat auf, der überall in der Küche verstreut
herum lag und ein kleines Schaukelpferd, welches
umgekippt neben dem großen, gekachelten Ofen
lag. Ich machte die Tür langsam einen Spalt auf
und sah gerade wie der sechste Sowjetpanzer vorbei rollte und stehen blieb. Der Turmdeckel ging
auf und der Kommandant schaute heraus und
sprach anscheinend mit der restlichen Besatzung
im Inneren des Panzers.

Auf einmal hörte ich die trockenen Aufschläge
der Granaten unseres Granatwerfers und das war
für mich das Zeichen die Tür mit einem Ruck auf-

zustoßen, die Panzerfaust in Anschlag zu nehmen und Abzufeuern. Mit einem lauten zischen machte sich der Sprengtopf auf dem Weg zum vielleicht 30 Meter entfernt stehenden Panzer und der immer noch völlig Ahnungslosen Besatzung. Ich hoffte im inneren das das Geschoß diesmal Explodieren würde.

Mit einem Dumpfen Knall schlug der Sprengtopf auf und fraß sich ins innere des Panzers. Meine Hoffnung hatte sich also diesmal erfüllt. Durch die Hitze im innern des Panzers explodierte fast im selben Augenblick die Munition und durch den Druck wurde der Kommandant hinaus geschleudert, doch sah ich, dass ihm nicht mehr zu helfen war. Dieser Panzer würde uns jedenfalls keine unangenehmen Überraschungen mehr bereiten. Schnell rannte ich wieder vor zu den anderen um zu schauen wie es dort stand, denn nach dem Gefechtslärm zu urteilen war dort bereits die Hölle los.

Nach einem schnellen blick durch das Wohnzimmerfenster sah ich wie nebenbei das auf der Straße auch bereits drei Russentanks brannten. Die restlichen zwei schienen sich jedoch heftig zur Wehr zu setzten. Jedenfalls schossen sie wie wild um sich, doch auch diese zwei mußten vernichtet werden. Als ich versuchte einen einigermaßen klaren Überblick über die Lage zu bekommen, sah ich auf der Straße mehrere Kameraden liegen die anscheinend versucht hatten die Panzer mit Geballten Ladungen zu sprengen. Keiner von ihnen bewegte sich mehr. Nun drehte sich unser Vorteil zum Nachteil. Zwar waren die Panzer durch die

Enge der Straße in ihrer Bewegung eingeschränkt doch schränkte uns die jetzt auch enorm ein, denn die Sowjetischen Stahlkästen konnten die ganze Straße mit Maschinengewehrfeuer oder Granaten eindecken. Trotzdem versuchten ich, Friedrich und ein junger Gefreiter aus meinem Zug irgendwie zum Dorfausgang zu gelangen um uns im Schutz der Bereits vernichteten Panzer an die zwei übrigen heran zu arbeiten. Wir nutzten jede Deckung die wir fanden ob nun kleine Trümmerhaufen oder Ziegelmauerreste. Der Qualm der vernichteten und brennenden Panzer gab uns auch eine nicht zu unterschätzende Deckung. Also sprangen wir von einer Deckung zur anderen und für mich völlig unerwartet hörte ich auf einmal einen lauten spitzen Schrei, der mir sofort ins Herz ging und im gleichen Augenblick wusste ich ohne das ich zurück blicken mußte das es Friedrich erwischt haben muss. Gerade in Deckung gerutscht sah ich nach hinten und da lag tatsächlich Friedrich, die Ladung immer noch fest umschlungen. Ich robbte zu ihm herüber und zog ihn an den Armen in Deckung. Ich schaute wo es ihn erwischt hatte und sah sogleich das ich nichts mehr für ihn würde tun können. Eine MG-Garbe hatte ihn quer über den Bauch getroffen und war durchgeschlagen. Ein Wunder das er überhaupt noch lebte. Er schaute mich an und sprach ganz leise mit schon brüchiger Stimme „ Herr Feldwebel, ich habe den Iwan  zwar doch rüber kommen lassen aber ich ha es ihm doch ganz schön gezeigt, oder?" ich merkte wie es feucht in meinen Augen wurde und antwortete mit belegter Stimme „Na klar. Du hast ihn gezeigt wie ein echter Deutscher Junge kämpfen kann, deine Eltern werden Stolz auf dich sein!" als ich die letzten Worte sprach, bäumte sich der schmächtige geschundene Körber noch einmal auf um dann kraftlos zusammen zu sinken. Ich musste mich nun erst einmal fangen, dies war nun doch ein Schock für mich. Ich nahm seine Mütze und legte sie ihm auf das Gesicht und machte mich wieder los, denn der Krieg ließ mir keine Zeit zu trauern, wie so oft schon.

Der Gefreite hatte sich bereits weiter nach vorn geschlichen und war mir nun bereits ein ganzes Stück voraus. Ich holte ihn aber schnell wieder ein und gemeinsam kamen wir zum Ausgang des Dörfchens. Dort waren der Leutnant und der Kompanietrupp in Stellung gegangen. Ihnen war es gelungen zwei Russenpanzer zu vernichten. Nun lagen sie aber auch fest und die Panzer versuchten sich mit brachialer Gewalt einen Weg frei zu machen. Dies durfte ihnen aber nicht gelingen. Wenn sie sich erst einmal wieder frei bewegen konnten dann hätten wir wieder das Problem das sie uns aus sicherer Entfernung bekämpfen könnten. Also mussten wir schnell einen Plan erarbeiten, wie wir diese beiden Stahlkolosse ausschalten könnten.

Wir entschieden uns, uns in zwei Gruppen aufzuteilen und uns von beiden Seiten heran zu arbeiten, jedoch nicht auf der Dorfstraße entlang, wo sie uns hätten Problemlos abschießen können, sondern außerhalb und dann wieder in die Häuser hinein und je nach Möglichkeit durch die Fenster klettern und die Panzer angehen. Also machten wir uns wieder auf den Weg. Der Leutnant zusammen mit mir und dem Gefreiten auf der einen und der Kompanietrupp auf der anderen Seite. Bis zu dem Haus wo an dem wir annahmen das dort der Panzer stehen müsste ging alles glatt. Wir gingen durch die Hintertür in das Haus, durchquerten den Flur und kamen zum Wohnzimmer. Dort riskierte ich eine kurzen Blick um zu schauen wo der Panzer stand und ob ich vielleicht etwas von der anderen Gruppe sehen konnte. Leider sah ich sie nicht, aber den Panzer dafür ganz genau.

Ich ging zurück und erklärte dem Leutnant wo der Panzer genau steht. Ich meinte „ Also wenn sie aus der Tür schauen dann ungefähr auf zehn Uhr noch 10 Meter entfernt, das heißt mit einer Geballten Ladung einen kleinen Sprint hinlegen und dann ab damit zwischen Turm und Wanne. Wer macht es?" Kaum hatte ich meine Frage gestellt, da war Leutnant Schütz schon los. Er riß die Tür auf und rannte los. Wir konnten nur überrascht hinterher schauen, doch das was wir sehen mußten war zutiefst schockierend. Gerade als Schütz los gerannt war, drehte der Panzer seinen Turm und feuerte mit dem MG. Der Leutnant wurde von einer Garbe erfasst und fiel auf die Straße, kurz vor dem Panzer. Dessen Besatzung konnte anscheinend den Leutnant nicht mehr sehen den der Turm drehte sich nun im Kreis und die Kanone zeigte so weit nach unten wie möglich. Dann stand der Turm still und das Lug öffnete sich zur Hälfte und der Kommandant kam zum Vorschein. Dies war sein Todesurteil. Ich zog meine MPi an die Wange, zielte und drückte ab. Eine kurze Garbe ließ ihn wieder in den Turm sinken. Gerade wollte der Gefreite die Situation ausnutzen und nun den Sowjettank angehen als ich ihn zurück hielt und meinte „ Guck doch, der Leutnant bewegt sich noch, er kriecht zum Panzer und versucht sich daran hochzuziehen." Er schaffte es tatsächlich, klemmte die Geballte Ladung zwischen Turm und Wanne und zog mit letzter Kraft die Zündschnur. Er ging zusammen mit dem Panzer unter.

In diesem Augenblick spürte ich einen Tiefen Respekt für diesen Jungen Offizier.

Kurz danach feuerte der letzte Panzer auf einen Häuserfront die dann krachend zusammenstürzte. Kurz darauf jedoch, flog der Panzer selbst in die Luft. Somit waren alle Panzer vernichtet und wir sammelten uns am Eingang des Dörfchens. Doch viele waren es nicht mehr. Zwar hatten wir es geschafft innerhalb von 20 Minuten sechs russische Panzer zu vernichten, doch hatten wir viele gute Männer und sogar unseren Kompanieführer verloren. Der Kompanietruppführer übernahm als Ranghöchster Soldat den Befehl über die arg zusammengeschrumpfte Kompanie.

Als wir uns alle wieder etwas erholt hatten kam dann vom Bataillon kalte Verpflegung und der Befehl zu einem Gegenangriff.

*

So ging es dann immer zu. Bereitstellung, Gegenangriff oder Abriegelung und wieder Bereitstellung und immer wieder ein Stück zurück.

Am frühen Morgen des 19. April erhielten wir
den Befehl uns Richtung Berlin abzusetzen, jedoch immer für Gegenangriffe oder ähnlichem
Bereit zu sein.

Doch an diesem 19. April waren wir nur noch
eine Handvoll.

Also machten wir uns auf dem Weg. Ein kleiner
Haufen von erschöpften und hungrigen, doch immer noch entschlossenen, ungebrochener Landser
um als letzte vor Berlin, deren Verteidiger zu stär-
ken.

Ende

# Achtung!

Landser im Weltkrieg braucht Ihre Hilfe!

Sie schreiben selbst historische Romane aus der Zeit des Zweiten Weltkriegs, oder Sie wollten es schon immer mal versuchen?

Dann senden Sie uns Ihr Manuskript unter **manuskripte@ek2-publishing.com** zu, denn wir suchen dringend neue Autoren für unsere „Landser im Weltkrieg"-Reihe.

Wir nehmen uns Ihre Kritik zu Herzen und haben komplett neu kalkuliert, um Ihnen einen noch besseren Preis bieten zu können.
„Landser im Weltkrieg" ab jetzt dauerhaft günstiger, aber mit der gewohnt hohen Qualität!

# Ihre Zufriedenheit ist unser Ziel!

Liebe Leser, liebe Leserinnen,

hat Ihnen unser Buch gefallen? Haben Sie Anmerkungen für uns? Kritik? Bitte zögern Sie nicht, uns zu schreiben. Wir werden jede Nachricht persönlich lesen und beantworten.

Schreiben Sie uns: info@ek2-publishing.com

Wussten Sie schon, dass Sie uns dabei unterstützen können, deutsche Militärliteratur sichtbarer zu machen? Bitte nehmen Sie sich einen Moment Zeit und bewerten Sie dieses Buch online. Viele positive Rezensionen führen dazu, dass das Buch mehr Menschen angezeigt wird.

Sie können somit mit wenigen Minuten Zeitaufwand unserem kleinen Familienunternehmen einen großen Gefallen tun. Vielen Dank für Ihre Unterstützung!

PS: In seltenen Fällen kommt ein Buch beschädigt beim Kunden an. Bitte zögern Sie in diesem Fall nicht, uns zu kontaktieren. Selbstverständlich ersetzen wir Ihnen das Buch kostenlos.

# Rauchende Colts und ganze Männer! Entdecken Sie jetzt die historische Western- Reihe „Das Gesetz des Westens"

Als eine Gruppe Mimbreno-Apachen sich dazu entschließt, die Weißen aus Arizona zu vertreiben, ruft das den tollkühnen Revolverhelden Roy Kincade auf den Plan.

Gedrungene Körper huschten durch das kniehohe Präriegras. Von Hass erfüllte Augen richteten sich auf die kleine Farm, die sich im Licht des fahlen Mondes unten im Tal abzeichnete.

Niemand der Bewohner ahnte, dass in den nächsten Minuten der Tod seine knöchernen Finger ausstrecken würde. Niemand ahnte, dass die breitschultrigen Gestalten mit den blauschwarzen Haaren Rache und Vergeltung suchten. Tod den Weißen, den Landräubern, die in die Apacheria gekommen waren!

Einer der Krieger stieß den kläffenden Ruf eines Coyoten aus, bevor er sich erhob und in die Runde blickte. Seine scharfen Augen erkannten schemenhafte Gestalten, die durch das Gras schlichen.

Langsam kam Nebel auf und benetzte das Gras, bis es feucht wurde. Morgendämmerung, die Stunde der Apachen! Dies war die Zeit, wo der Schlaf am tiefsten und die Träume am süßesten waren.

Der Krieger huschte lautlos durch das Gras. Niemand hörte und sah ihn. Er war eins mit der Wildnis, in der er lebte und die sein Zuhause war. Er würde sie bis aufs Blut verteidigen

Hass stand in den schwarzen Augen geschrieben, als er seine Kriegslanze umklammerte. Die Weißen mussten sterben, denn sie waren Eindringlinge im Land, das dem roten Mann gehörte!

Ein tödlicher Kreis umgab die kleine Farm. Nebel verbarg die gedrungenen Gestalten, die jetzt bis auf wenige Yards an die Farm herangekommen waren.

Sie waren zu allem entschlossen. An diesem Morgen war der Tod auf die Morrison-Farm gekommen, und er kam still und heimlich ...

# Landser im Weltkrieg
## kaufen!



**Direkt zur Serie:**

# KEINE NEUERSCHEINUNG VERPASSEN UND GRATIS E-BOOK SICHERN!

Tragen Sie sich in den Newsletter von EK-2 Militär ein, um über aktuelle Angebote und Neuerscheinungen informiert zu werden und an exklusiven Leser-Aktionen teilzunehmen.

Als besonderes Dankeschön erhalten Sie <u>kostenlos</u> das E-Book »Die Weltenkrieg Saga« von Tom Zola. Enthalten sind alle drei Teile der Trilogie.

**Link zum Newsletter:**

https://ek2-publishing.aweb.page

**Über unsere Homepage:**

www.ek2-publishing.com

# Lernen Sie den neusten Kracher aus dem Hause EK-2-Militär kennen!

**Wandeln Sie auf den Spuren des berühmten wie berüchtigten Apachen-Kriegers Geronimo und lassen Sie sich von seiner wechselvollen Lebensgeschichte voller Höhen und Tiefen, Siege und Niederlagen inmitten der Indianerkriege mitreißen.**

Eine Veröffentlichung der EK-2 Publishing GmbH

Friedensstraße 12

47228 Duisburg

Registergericht: Duisburg

Handelsregisternummer: HRB 30321

Geschäftsführerin: Monika Münstermann

E-Mail: info@ek2-publishing.com

Homepage: www.ek2-publishing.com



Cover/Umschlag: Kayla Pelgrim

Autor: Hermann Weinhauer

Lektorat: Heiko Piller

Buchsatz: Heiko Piller

1. Auflage November 2024

Made in the USA
Monee, IL
08 July 2026

56673441R00059